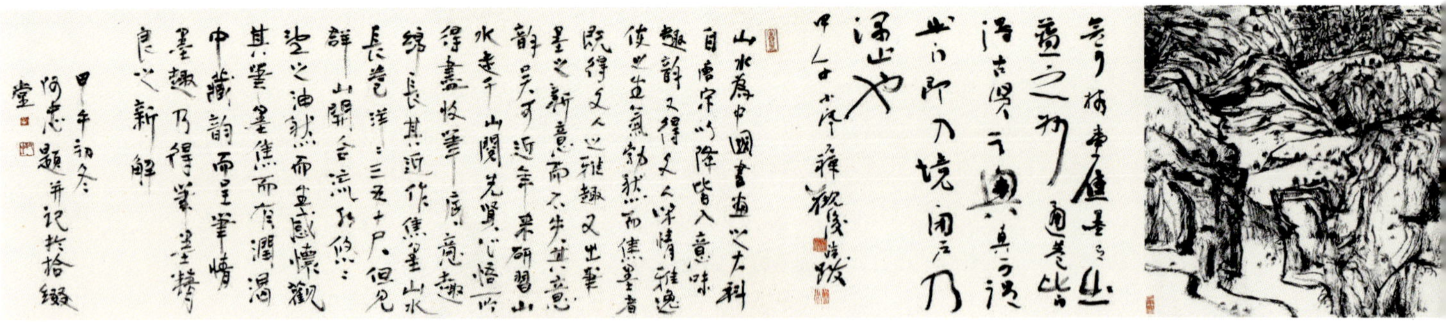
山水為中國書畫之大科
自唐宋以降皆入意味
趣韵又得文人以情雅逸
使之生氣勃然而焦墨者
既得文人之雅趣又出筆
墨之新意而不失其意
韵矣近年來研習山
水走千山閱先賢以悟所
得盡收筆底意趣
綿長其近作焦墨山水
長卷洋洋三丈十尺但見
群山開合流韵悠悠
望之油然而生感懷觀
其筆墨焦而有潤渴
中藏韵而呈筆情
墨趣乃得筆墨之精
良之新解
甲午初冬
阿忠題并記於拾綴
堂

溪山云霭图（局部）

溪山云霭图（局部）

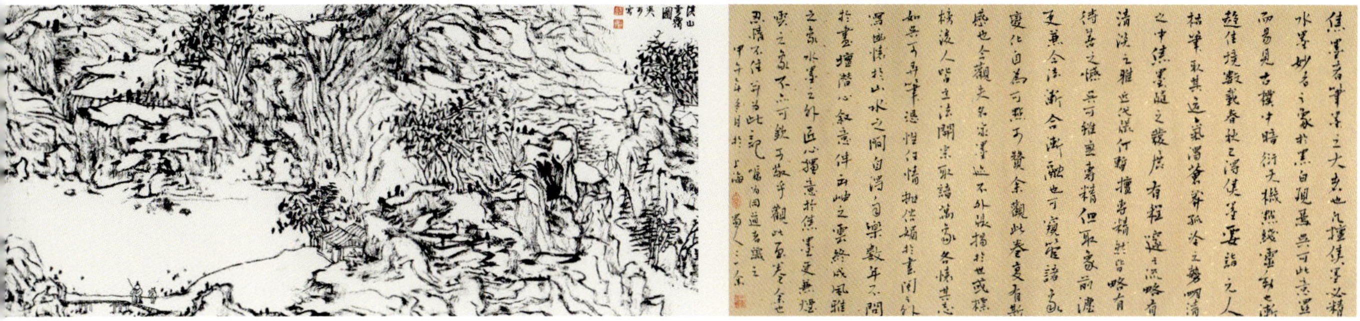

溪山云霭图　49.5cm×924cm　纸本水墨　2014

溪山云霭图（局部）

中国艺术家年鉴

吴可卷

总主编 易英
主编 陈子游

文化艺术出版社
Culture and Art Publishing House

图书在版编目（CIP）数据

中国艺术家年鉴. 吴可卷 / 陈子游主编. -- 北京 : 文化艺术出版社，2025. 3. -- ISBN 978-7-5039-7807-4

Ⅰ. K825.72

中国国家版本馆CIP数据核字第2025VW2765号

中国艺术家年鉴·吴可卷

ZHONGGUO YISHUJIA NIANJIAN · WUKE JUAN

监　　制　画友会馆
总 主 编　易　英
主　　编　陈子游
副 主 编　陆　虹　陈元幸子
策　　划　大观书巢
特约编辑　吴士新
责任编辑　赵　月
责任校对　董　斌
书籍设计　陈　旭　北京川宇文化创意有限责任公司
出版发行　文化艺术出版社
地　　址　北京市东城区东四八条52号　（100700）
网　　址　www.caaph.com
电子邮箱　s@caaph.com
电　　话　（010）84057666（总编室）　84057667（办公室）
　　　　　84057696—84057699（发行部）
传　　真　（010）84057660（总编室）　84057670（办公室）
　　　　　84057690（发行部）
经　　销　新华书店
印　　刷　北京金彩印刷有限公司
版　　次　2025年3月第1版
印　　次　2025年3月第1次印刷
开　　本　889毫米×1194毫米　1/16
印　　张　19
字　　数　100千字
图　　片　559幅
书　　号　ISBN 978-7-5039-7807-4
定　　价　358.00元

目录

学术推荐 · / I
序 · / II
艺术家简介 · / IV
自序 · / V
墨痕丘壑 · / 1
多韵彩印 · / 79
沉浑云开 · / 137
点数花鸟 · / 189
云山写真 · / 215
绘瓷营象 · / 257
时光寻境 · / 281
艺术履历 · / 289

学术推荐

吴可的画面样式囿于传统一路，这是一般出于对传统绘画偏爱的人必然的做法。偏爱传统有好的一面，它能够让人有矩可循，按某种既成标准进行实践；亦有不好的一面，它容易使人滋生惰性，以现成法则亦步亦趋。这就要看每个个人如何落实、如何面对了。我一直认为，在当今这样多元化、多样性的时代，类似吴可这类画家唯有咬紧一个目标，不断积累、不断深入，在画面的品质上下功夫，才有希望。

——李小山

序

前一段时间有两件事让我颇有感触：一是中央电视台第10套节目播出的关于中国远征军的纪录片，以中国远征军后人间的交往和他们对远征军资料收集的过程为线索，其讲述让人感动。而收集这些鲜为人知的史料的难度亦是可想而知的，其中仅仅因为几幅照片，当事人就要数次远赴美国，与当时援华美军的家属和子女查实求证，搜集的过程实在不容易，因此资料成片委实弥足珍贵。历史的真相往往令后人遥不可及，重述这些鲜活的历史场景更显困难。二是通过朋友买到两本书——《碎片化的历史学——从〈年鉴〉到“新史学”》[①]和《法国史学革命：年鉴学派，1929—1989》[②]，使我了解到20世纪西方史学界年鉴学派的建立和发展历史。第一代吕西安·费弗尔和马克·布洛赫，第二代布罗代尔，第三代安德烈·比埃尔吉尔和雅克·雷维尔、弗兰索瓦·费雷等，这些年鉴学派发展过程中的主要代表人物在史学研究领域做出了伟大贡献。在该学派长达60年的发展过程中，他们一直倡导通过跨学科合作创立新史学的研究方法，并追求建立历史心理学之目标，在他们的努力下，历史学、社会学、经济学、地理学、考古学、政治学等各学科之间的壁垒得以打破。同时通过年鉴方法研究，主张分析社会势力与个人感情（吕西安·费弗尔），提倡跨学科的思考方法（马克·布洛赫），主张开放的学术观，通过心理史、新经济史、民间文化史、象征人类学的研究来推动政治史的发展（弗兰索瓦·费雷），重建史学研究方法，打通社会史与文化史。通过重新启用、界定“集体表象”这一概念，克服社会史与文化史之间的隔阂与局限，加强对“心态工具”的研究（罗杰·夏蒂埃），这些新的研究方法和思维角度逐渐形成了年鉴学派研究的核心价值，亦使其成为世纪史学的研究主流。这使我想到面对当下、面对艺术和艺术研究，我们如何借鉴与运用前人的研究成果来审视我们所处的时代和个体生命，这是值得思索的一个课题。更重要的是，在当代，我们的记录手段已经变得立体和多元，因为我们可以毫不费力地借助录音、影像、图片等媒体让我们这个时代可以更为“全面”“多样”地保留下来。像齐白石、黄宾虹、李可染他们那个年代，留给今世的人文资料也是相当稀缺的，尤其是影像资料。所以在注重个体生命、个体艺术价值的前提下，我们以事实为基础，推出《中国艺术家年鉴》系列丛书。丛书主要侧重艺术家个体艺术状态的研究，以同步研究为理念，长时间对艺术家的生活与艺术创作进行多方位的渐进投入式记录。采用语言叙述、文本整理、图片归纳、影像拍摄、学理研究、创作过程跟踪、出版推荐等手段，在不同时间和空间内感知艺术家个体生命的鲜活与本真，让艺术家的生命本体绽放光芒。主编这套系列丛书的目的就是在尊重个体价值的基础上，为我们的时代艺术在将来的历史写作上保留一些最基本的材料和有益的参考。

“年鉴”之于中国历史的叙述方式并非全无根据，编年体就是重要的历史写作方式之一，而《宋史·艺文志》更有“年鉴”一卷（已遗失）。我们可以简单地把“年鉴”看成一种编年体，在事物发展的过程中，做朴素的材料整理与记录。

当下，不同文化艺术门类的融通、碰撞显而易见，而尊重多元化和价值共同体的构建却更应互为依托。因此，在《中国艺术家年鉴》系列丛书的编辑工作中，我们会逐渐邀请一些具有不同文化和教育背景的艺术家，通过不同的艺术语言，在我们共同所处的“大时代”的定义下，以个体经验为蓝本，缔结出最为广义的文化认同。

少言多行应该是我们完成工作最有效的方式。

是为序。

陈子游

2010年12月6日

注释

①［法］弗朗索瓦·多斯：《碎片化的历史学——从〈年鉴〉到“新史学”》，马胜利译，北京大学出版社2008年版。

②［英］彼得·伯克：《法国史学革命：年鉴学派，1929—1989》，刘永华译，北京大学出版社2006年版。

艺术家简介

吴可（原名吴军），居号“一两山水”，又号“问松草堂主人”。1969年11月生于上海。九三学社社员，山东师范大学硕士研究生合作导师。1987年，师从石禅先生学习中国画。1999年，华东师范大学美术专业毕业。2015年11月，中央电视台书画频道《艺传天下》栏目有吴可先生专访。多次参加国内外美术展览和举办个人展览。其作品被南京艺术学院美术馆、江苏省美术馆、浙江美术馆、大公报社、美术报社等艺术、研究机构收藏。近年来，其作品还活跃在国际舞台上，曾被法国国家美术协会、法国巴黎工业官收藏部、英国王储基金会传统艺术学院、美国贝聿铭艺术基金会等机构，以及美国贝聿铭家族、意大利著名建筑师兼收藏家罗伯托·巴奇奥基等珍藏。

自序

拿着蜡笔涂墙，用粉笔在门板上画人，是我唯一记得儿时与绘画有关的玩事了。

“玩”是我最喜欢的，常听长辈们说起，从小我就喜欢跟比我大的孩子一起玩耍。直至当下，年过半百的我还一腔热血地和几个兄弟拉起了一支四十余人的业余足球队，每周都要训练、比赛，搞得还像模像样、乐此不彼……

真正接触中国画是1985年的事，觉得好玩我就画了，跟着几个喜欢画画的老兄玩了两年，慢慢觉得画画有点玩不下去了。后经人介绍在1987年拜师石禅先生正式学习中国画，后又跟了黄阿忠老师玩起了色彩，就这样一玩就是三十几年。

其实我对中国画一直有我自己的想法和感受，临摹、写生、画论、诗文、生活……是每个画家必须要经历的，慢慢地感觉又没有那么特别重要了，反而内心的感受越发强烈了，只想画一些自己内心所追求且喜欢的作品，“玩”起画来更开心！忘掉一切的悲春伤秋而去放怀享受，这样才长久！

做有“意思”的事，画有“意思”的画，是我这一生的梦想和追求。这也正应了我经常说的那句话：“画不过意思而已！”

生活又何尝不是呢？！

吴可

2025年1月

墨痕丘壑

中国山水画和西方风景画面对的都是自然景观，内涵却大不相同。中国山水画的内涵，有国土观念，有儒家『仁者乐山，智者乐水』的意蕴，有道家出世的神仙思想，有方家的风水义理，有画家的墨戏情怀。吴可的画，试图回顾古人，在墨戏中有所寄托。他的作品，远山块面的单纯和近景皴法的密集，相得益彰。在崇尚细腻微妙的上海艺坛，吴可的画显得大气洒脱。——彭德

（上图）山水系列之一　42cm×60cm　纸本水墨　2018
（下图）山水系列之二　48cm×60cm　纸本水墨　2018

山水系列之一（局部）

重返起点
——吴可的山水画

文 / 彭德（西安美术学院教授，艺术评论家）

我爱山水，进而喜爱山水画。无论水墨还是彩墨，只要画得到位，山水画都会在我眼前露出一片清爽。我著《中国美术史》，开篇指出最具意义的五大门类：建筑中的园林、工艺中的玉器、雕塑中的俑、书法中的行书和绘画中的山水画。因此，当友人寄来吴可的画册，让我评议这位陌生画家的山水画时，尽管我回复说“技法不错，新意不足，只能放在特定的语境评议”，但仍然赞赏他的画面效果。三十多年前，李小山发表《当代中国画之我见》，文中说中国画到了“穷途末日”的时候，矛头所向，也包括当年流行的山水画。当时的山水画，新画不新，旧画不旧，不温不火，的确让人失望。时间一晃三十多年，中国画坛叫得最响的口号，莫过于水墨画的创新。这个时期固然有少数杰出人物出现，但总体倾向于不令人乐观，相当大的程度是，用西方写实主义、表现主义、抽象主义来改造山水画，意思不大。

吴可的画，从笔墨趣味和画面章法入手，重新返回起点，搁置了守旧与创新的争论。新与旧是今人论画的视角，如同古人论画讲真假。也有脱出新与旧、真与假二元对立的见解，不过不成气候。宋代洪迈议论山水画的真假时指出：“江山登临之美，泉石赏玩之胜，世间佳境也，观者必曰如画。故有‘江山如画’‘天开图画即江山’‘身在画图中’之语。至于丹青之妙，好事君子嗟叹之不足者，则又以逼真目之。如老杜……‘凭轩忽若无丹青’‘高堂见生鹘’‘直讶杉松冷，兼疑菱荇香’之句是也。以真为假，以假为真，均之为妄境耳。”（《容斋随笔》卷十六《真假皆妄》）明代郎瑛也说：“予尝笑人见好画，曰：‘逼真山水。’及见真山水，曰：‘俨然一幅画也。’是不知孰真而孰伪耶。昨读杜诗《题蜀道画图》有曰：‘华夷山不断，吴蜀水相通。’是又以画为真矣。又读曾吉父诗云:‘断崖韦偃树,小雨郭熙山。’岂非又以真者为画乎?据此,古今胥可笑也。”(《七修类稿》卷十五《山水真假》)洪迈和郎瑛的议论,明显受到佛学“色空”观念的影响。色指万物,包括山水;空指虚无。当万物都变为虚幻时,真假新旧自然更是无稽之谈。不过,既然人生可以领悟色空,它的出发点是色不空,二者相反相成。人生在世,以真为假,以假为真,都有成立的理由。

推而广之,旧画革新,新画复旧,也都可以被通达者接受。当中国画坛力主革新三十多年后的今天,各种尝试都经历了,有一批人回头体验古人的心境,未尝不可。如同吃腻了都市佳肴的城里人,爱在周末驱车进山吃农家乐餐馆的日常菜一样。人的视觉心理同饮食心理,实在是很相似的。多元世界的基本品格在于包罗万象,涵盖新旧古今。只要画得有品位,自然会有观众。

中国山水画和西方风景画面对的都是自然景观,内涵却大不相同。中国山水画的内涵,有国土观念,有儒家“仁者乐山,智者乐水”的意蕴,有道家出世的神仙思想,有方家的风水义理,有画家的墨戏情怀。吴可的画,试图回顾古人,在墨戏中有所寄托。他的作品,远山块面的单纯和近景皴法的密集,相得益彰。在崇尚细腻微妙的上海艺坛,吴可的画显得大气洒脱。水墨画的回归,有积极和消极两路,吴可介于两者之间。他不全是照本宣科地摹写,而是注入了自已的趣味,画面构成有一种似是而非的陌生感。他的画面多手卷和条幅。手卷横陈,景观平远,使人联想到上海的江河,尤其是车水马龙的街道。条幅狭长,景观高远,对应着上海的高楼。高楼把上海的风景切割成了无数孤立的片段,高速路则切断了人与人、人与自然的关联。当你置身上海,举目四顾,再也看不到海上画派的清新,更看不到松江画派的宁静了。吴可的画,多为表现平远的手卷和体现传统章法的立轴,仿佛上海的反衬,让人追忆曾有过的视觉经验。

山中流水水中山　34.5cm×48cm　纸本设色　2018

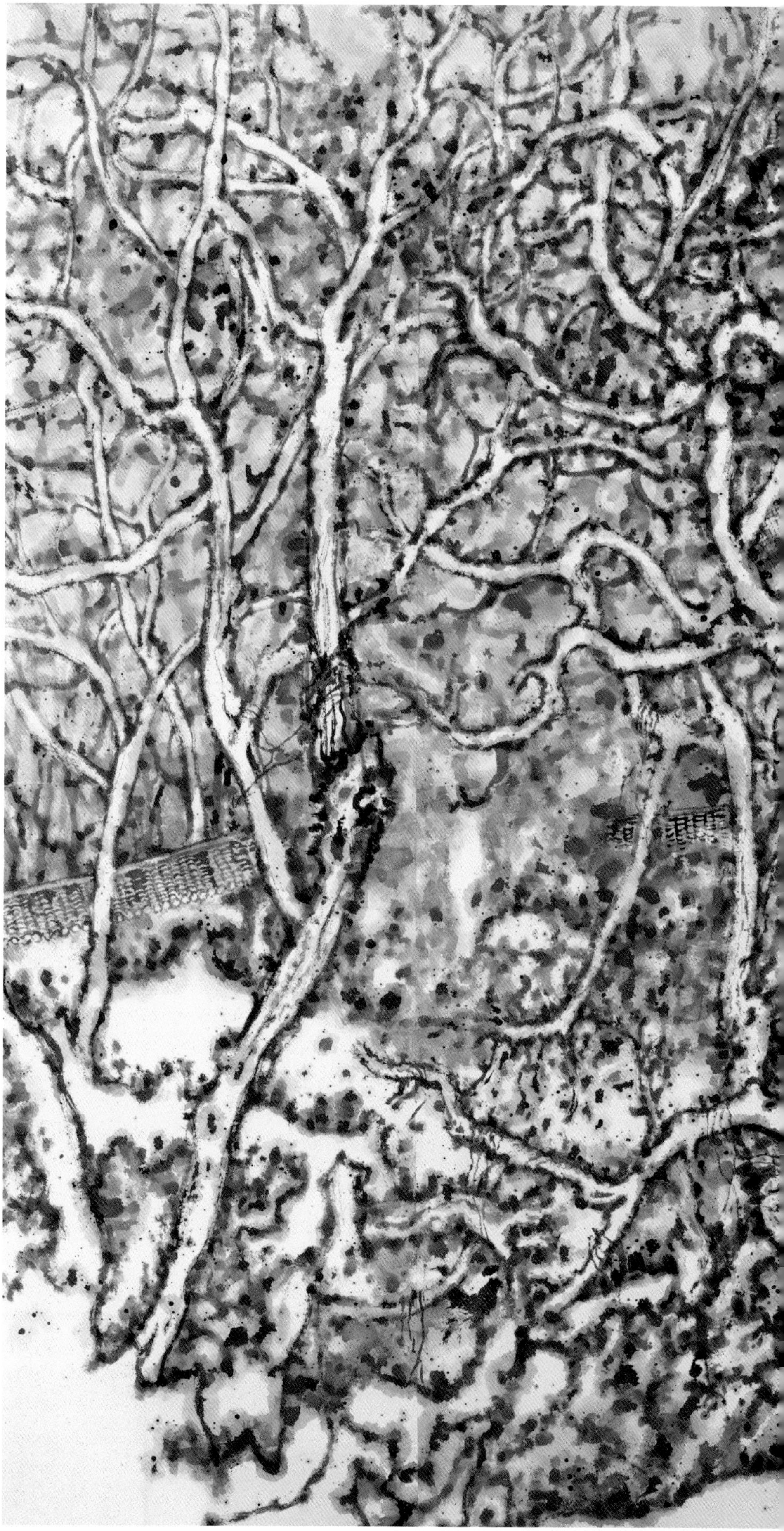

萧树悠林图 179cm×241.5cm 纸本水墨 2018

远树萧萧倚西楼
林泉悠悠入秋池
戊戌之春日

山水画与当代景观社会

文 / 李晓峰（上海大学上海美术学院副教授，艺术评论家）

一

吴可是一位我未曾谋面的画家，经友人推介，获其新近印行的《吴可山水画作品集》一册。始知吴可20世纪60年代末生于上海，毕业于华东师范大学美术专业，居号“一两山水”，又号“问松草堂主人”，先已引发我“寄情山水”“岁寒，然后知松柏之后凋也”的联想，约略窥见画家傲然隐逸志向。

二

我反复翻阅了吴可的画册。百余页，五十余幅图。除《对弈》一幅、《垂钓》两幅及扇面两幅、镜面两幅为小品，其余均为四尺整张以上的大幅，或四尺、六尺竖开的长幅山水，窄长尺幅为多。或一树斜出，或横云断腰，或流瀑高垂，或巨石迎面，特别强烈地呈现了高远深远的古法透视与曲折迂回的险峻构图。画面苔点重叠多变，皴擦气足力透，焦墨湿墨显出纵深层次，紧凑不板结，宁生涩而避油滑。少数几件横尺幅作品，视角平远，又见深幽，构图突兀，用线老辣，气息淳厚苍劲。

吴可的山水画作品，多渔樵归隐旨趣，散淡高士点缀一二，或泛舟垂钓，或探幽访古，或抚琴盘坐，或对弈品茗。画上少有的题跋也多是“山阁浮云图”“白云深处幽人度”“满目风雨为渔舟”“泛舟湖上雨初晴”“拟石田意境写扁舟”等。画风不饰富丽、不侍堂皇、不囿于现实样貌，笔墨至上，追摹高古，萧瑟散淡，枯笔粗墨，情怀简素朴拙，意趣深幽野逸，倾向寂寞孤寒之美，对抗繁华之感官、奢靡之欲望。

吴可敢用焦墨，《山水画之三十三》《山水画之三十四》《山水画之三十五》

知音系列之一　89cm×48cm　纸本设色　2017

泉清见我影　89.5cm×48cm　纸本设色　2016

等几幅作品，特别以焦墨枯笔写就，仍显出沆瀣浓郁气韵。

多数作品只用墨色，偶有赭赫，少见青绿红黄，笔力健而墨色重，雄浑苍茫里有雨点江南，湿墨江南中见苍茫雄劲，却难用非此即彼的南北宗妄断。

在南北间的临界点上，向来多使人存有野心，就如“通今博古”“学贯中西”，是很多人的欲求梦想，并成为奢侈到廉价、言过其实到虚假轻浮的溢美之词。

今人看山水，不管是传世遗珍，还是自然造化，内心图式已不可能与先祖等量齐观，尤其在人类步入影像无所不在地充斥于生活的高科技时代后，不仅图像分辨率越来越高清，在人类的高智能生活方式下，一切可视之物几乎无可躲避地被科技方式覆盖，“新人类”的双目从出生之日起就已经被荧屏俘获。

出生于20世纪60年代的吴可，应该保留有兼具自然与非自然的视觉能力，其山水画显然就是这种能力的证明。比如他的湿墨枯笔与湿笔粗墨间的张力，未尝不是一种冲突。时而水化重墨，时而墨现秃毫，散笔破锋令人想到傅抱石，浓皴密苔令人想到黄宾虹，长锋短笔，大小苔点，大石头与小山水的图像意味，都隐现着难以回避的现代意识和无法脱开的当代心结。

吴可的山水画，无论从主观还是客观上，都更像是一种针对当代社会景观的文化补偿——文化的视觉审美心理补偿，而不仅仅是发怀古之幽思的传统情感惯性，更不是既定成规的简单重复。

画室一角

三

法国思想家居伊·德波在他1967年出版的《景观社会》中指出:“景观不是附加于现实世界的无关紧要的装饰或补充,它是现实社会非现实的核心。在其全部特有形式——新闻、宣传、广告、娱乐表演中,景观成为主导性的生活模式。”显然,德波的“景观”(spectacles)不是传统的西洋风景,更不是中国古代山水,而吴可的山水画倒是德波“景观社会”的一种非典型样式,当然也是非“主导性的生活模式”。

不过,德波更进一步指出:“景观的出现,意味着商品已经完成了对社会生活的殖民……我们所见到的全部世界,现在就是商品的世界……随着所谓的第二次工业革命的到来,异化的消费附加到异化的生产之上,成为大众不可逃避的义务。”显然,德波以“景观”一词对商品世界的异化消费与异化生产予以揭示,并认为这是一种当今世界社会生活的“殖民”,这不禁使我们想到数年前便成为热词的“后殖民主义”,我们能逃脱吗?又如何面对呢?

德波在揭示了当代“景观”的本质后,几乎是痛斥道:“景观是一场永久的鸦片战争,是一场强迫人们把物品等同于商品、把满足等同于生存的鸦片战争——根据景观自身的逻辑,这种生存的需要是不断提高的。……被提高了的生活水平是一种镀金的贫穷,但不可能超越贫穷。”“景观最终表达的不过是现代社会的昏睡的愿望。”

“一种镀金的贫穷”之“景观”,如何致使现代社会“昏睡”?对造化自然心追手摹的历史,在大数据流量泛滥的当下,已被重新复制、编码,被不断解构、碎片、符码、赝品化为二手图像,摹本的历史意义消失,变身为德波批判的“景观”。“自然”与“世界”在“景观”覆盖湮没中昏睡,抑或是人类的昏睡?就像吸食过“鸦片”那样。这种“镀金的”光鲜“景观”其实就如吸食鸦片后的幻觉,它会让社会走向破产吗?

早在19世纪，著名诗人批评家波德莱尔就曾以《恶之花》对现代社会的如花美貌及恶之根对诱惑难以抵御的繁花之毒进行了痛彻的控诉。从启蒙运动时期的感伤主义者卢梭、怀疑主义者休谟，及之后的批判哲学家康德，到20世纪的悲剧哲学家尼采、诗意存在哲学家海德格尔等，对人性中的善及自然人性的呼唤从未停止过。人类伊甸园还能否失而复得？阿卡迪亚？枫丹白露？还是桃花源？

中国的桃花源不同于西方的田园牧歌，这源于中国哲学特有的主客观，不同于以理性、科学、心理学、物理学为基础的西方主客观。中国的主客观基础与中国的山水意识有关。比如山水画中讲究心性、意象、情怀、涵养，有别于西方的理性、非理性、意识、潜意识或个人主义化的自我表现。中国绘画的客观，不同于西方的物象写实，山水画是一种抽象、一种寄情、一种散点透视呈现出的可居可游，人于其间的流连忘返、物我两忘，这与西方被描摹或移情的风景是根本不同的。

就如中国人爱石，并非物理属性的石头，更是石头生发的意象；不是形式主义的石头，而是“一块元气，结而石成”的小宇宙。中国人赏石、玩石，视石头为山水、为世界、为星宿、为宇宙。中国山水画就如对石头的审美，寄托了中国人的世界观、人生观、宇宙观。忘情山水，隐逸林泉，既是超脱尘世的出世，又是遁入自然的回归。所以，艺术家的戏墨山水、恣肆忘情，是一种意境，而非西方的游戏化。风云际会、行云流水、山高水长，山水成为一种特殊的美学。

故此，中国绘画技艺的发展，包括材料工具的选择，也具有了独特的文化属性。墨中入药、添加香料，纸的纤维手感、温湿度，毛笔笔身毫端的弹性生机……总之，工具材料的不确定性，给天意留下足够使人意外的空间。

中国的尚物指向，是尚天、尚自然。这点在山水画中尤其得到充分表达，不是西方物理性主导的尚技术、尚机械化。“任自然，黜聪明”，有限人力只为与天合。

画室一角

无心万事禅　69cm×35cm　纸本设色　2017

知音系列之二 71cm×35cm 纸本设色 2017

画室一角

近代以来，西学东渐，比如随之而来的古典西洋画、现代派，大大干预和稀释了传统中国画的纯度与自足性。民国以降，徐悲鸿一路，林风眠一路，还有在坚守传统中革新的黄宾虹、傅抱石一路。山水画的观看，已全然不同于魏晋、隋唐、宋、元、明、清。江苏省国画院姜永安曾著文《绘画是观看的修辞》，“观看的修辞”用得好，但这个“修辞”在当代社会影像乃至网络图文的海量充斥下遭遇变异。在福柯的《词与物》中深度质疑，并蜕变为德波所言的、已变本加厉地主导了人类生活的“景观社会”。德波还说：“在现代生产条件无所不在的社会，生活本身展现为景观的庞大堆聚。直接存在的一切全部转化为一个表象。”

四

这个“表象”，“庞大堆聚”的“表象”，被法国的另一位著名思想家让·鲍德里亚称为“变成整个一座城市”的“杂货店”。

鲍德里亚在1970年出版的《消费社会》一书中指出：一方面，是“丰盛”“全套商品”，“杂货店可以变成整个一座城市：如帕尔利二号。那里建有巨大的购物中心，‘艺术和娱乐与日常生活混而为一’”；另一方面，“如同罗马的先贤祠，所有国家的神共存于一篇巨大的‘文章’，诸说混合。我们的超级购物中心就是我们的先贤祠，我们的阎王殿。所有消费之神或恶魔都汇集于此，也就是说，所有的活动，所有的工作，所有的冲突以及所有以同样抽象方式废除了的季节”。

唐代张彦远的《历代名画记》开篇就讲中国画的“穷神变，测幽微，与六籍同功，四时并运”，显然是可以与鲍德里亚那些进入罗马先贤祠或巴黎超级购物中心的“神魔”交相辉映的，也同样“以抽象的方式”，但没有废除“季节”，而变换的季节就是“表象”下生命力的证明，山水画尤胜。中国山水画，虽然未重物象的形貌，几乎因其单纯的墨色而显抽象，山与水本身就意味着对丰富自然世界的抽象，却更加突出了自然的内在生命。

山水画，成为山水文化，文化山水，与中国的强大文化传统紧密关联。中国的自然观，体现出中国的人文精神，文人成为代表，文人的山水情怀成为象征。中国

画室一角

烟雨小村 89cm×48cm 纸本设色 2017

古人把自然景观概括成山水，是一种辩证的自然观，一种虚实相间、静动相宜、有无相承的“关系空间”（relational space），物质的本性展现的是自然本性，深山问道，师古人，更师造化。从“道法自然”“物我两忘”的老庄哲学道家自然观，到“仁者乐山，智者乐水”的儒家道德人格、君子风范，再到自然神信奉、祭天、敬祖，通过宗族血亲的祖先维系，进而，众生共存、万物齐一。人生观又回到自然观。

中国画分五品，以逸品为最，一种自然而然、顺其自然的自由。从顾恺之“以形写神”，到司空图“超以象外、得其环中”；从“我心即佛”的南宗禅学，到“我心即宇宙”的陆王心学。更进一步，山水文化关涉风水、堪舆、面相、心象，关系怀有宗教之心、仰望星空的敬畏，关乎阳刚之美与阴柔之美的刚柔并济及维系自然的人的敦厚品格，关切一种哲学意识的诠释与建构。山水画涉及的自然观、宇宙观、世界观、人生观，是浓缩了中国文化的哲学精神，当然也必与当代相关，或许是可以接通的。

法国思想家巴迪欧把20世纪后半叶以来的当代世界称为自古希腊、启蒙主义以来的第三次“哲学时刻”（moments of philosophy）。此刻，中国

画室一角

画室一角

的艺术也迎来了一个前所未有的活跃期。以西方的当代艺术看，美国出了沃霍尔，英国出了培根、赫斯特，德国出了博伊斯、基弗尔，法国曾云集了各个国籍的艺术家，从凡·高到毕加索，还有意大利的莫兰迪，日本的草间弥生等，中国会为世界提供怎样的艺术家呢？！近期流行于网络的《什么是中国？》与《什么是当代？》两篇文章，恰恰反映了对当代与中国的双重关切。

五

从利奥塔到福柯，从后现代知识报告到个体肉身权力辩护，均对人类文明进行了鞭辟入里的考察。然而，后工业时代以来，共时化的历史让当代世界共生了吗？文化相融了吗？农业与工业、手工业与高科技交相辉映了吗？比如水墨与抽象、毛笔与鼠标、写意与设计、手感与电脑。

数年前李零撰文《传统为什么这样红》，其中说道“一句话：大国梦想，小国心态，表面自大，骨子里还是自卑”。为此，李零得出貌似历史循环论的结论：“老师学生换着当。”但轮换不是轮回，轮换也不限于一个时间的概念或线性历史概念，它还是空间的概念、文化地理的概念。“孩子是自己的好，但别人的孩子未必就差。”不能让人家做学生时高兴，被人家教了就不高兴。近两年，随着中国经济的高速增长，民族文化自信也同步高涨。传统文化热，孔子学院输出的国家文化战略，以及“水墨热”，再次让山水画几近成为新显学。正如李零先生所说：传统是基因，留下的未

知音系列之三 89cm×48cm 纸本设色 2017

必都是金子，传下来的好的、坏的一锅烩。但愿山水画不因功利世道成为贪腐之利器，或异化为廉价大师小丑般的哗众取宠，甚至沦为卖弄异域风情的旅游品或与风景行画并无二致的地摊货。钱锺书曾言：“大抵学问是荒江野老屋中，二三素心人商量、培养之事，朝市之显学必成俗学。”

一篇来自微信公众号“新周刊”的文章历数了“42种消失的艺术趣味”。比如，以前中国人爱看戏，现在被口水泡沫剧代替；以前的艺术是小众追求，现在被大众趣味替代；以前的观看有一半靠观众想象，现在直接在3D甚至4D、5D中身临其境；以前的绘画里有文化密码，现在是商业符号；过去人与艺术是美丽的邂逅，现在艺术生产刺激人欲壑难填……文章作者孙琳琳以1934年出版的丰子恺《艺术趣味》一书为例，丰子恺那时推崇的趣味，如今多已成为历史，如今日本的动漫颠覆了丰子恺的小漫画。艺术的趣味变化越来越快，怀旧也变成一种时尚消费。相对于艺术趣味的文化价值，再次从偶像的黄昏与孤星的黎明间重新集结，也许不是趣味的消失，也许是艺术与人关系的转变。

就文化趣味本身而言，坚守不仅是宏观上的意义，也有微观上的意味。比如作为当下个人化选择的吴可山水画，其趣味指向，显然表征的是一个回望传统的趣味群体，也是对淳厚历史的啜饮。所谓志存高远、独孤遗世，与流行当代的风潮比，显得特立独行。然而，在当代的语境里，山水画不再仅仅是传统文人、士大夫的出世隐遁理想，也不必再做亦步亦趋描摹古人的“走狗”。“浮生荒年，简言素行”，是心态、心境、意境、境界的分寸控制。电影《卡林顿》中的一句台词值得回味：“我一直追求寂寞无名，但野心破坏了我的计划。”

在当代与传统的交汇交锋中如何交融，在东方西方的交流博弈中如何携手，尤其是西方的强势来袭与中国的文化意识渐次苏醒之际，成为一种对当下的焦虑、东西方交汇的焦虑、进步与落后的焦虑、时代与历史断裂的焦虑。

画室一角

吴可的山水画，无论从主观还是客观上，都更像是一种针对当代社会景观的文化补偿——文化的视觉审美心理补偿，而不仅仅是发怀古之幽思的传统情感惯性，更不是既定成规的简单重复。

——李晓峰

秋江隐闲舟 89cm×48cm 纸本设色 2016

如何跳出来看，超越地看，打破固化僵局的结壳，一种新的激活、复活需要新的发现、新的滋养。今天，已然没有了泾渭分明、铁板一块的东西方，也没有永远的当代。当代是一时的特指，一个将随时间流逝汇入传统的权且概念。

但是，鲍德里亚有一句耐人寻味的话："现代艺术的冒险结束了，当代艺术只与他自己当代了。" 其意直指个体，只涉个人。当今世界，只有越来越世界化的个体，一切未来想象都是以更为世界化的当下个体为现实支点。

六

由此，吴可辈不管出于个人化兴趣还是文化诉求，对山水画乃至山水文化的孜孜以求，便构成了与步入"景观社会" 的当代别样的对话。

就如吴可的山水画中，虽然有人，却是古人；虽是古人，又暗涉今人。虽忘情山水，不知今夕何年，却以散淡的、逸致闲情的、不奔忙紧张的态度际遇当代，怀抱更大的山水自然，"身所盘桓，目所绸缪"（宗炳言）。

回到开篇，面对吴可这位有阅读间性的山水画家和作品，阐发看法，借此畅言，以图形成与这位虽未谋面却似曾相识的艺术家的笔墨交流。

山水系列之三　89.5cm×24cm　纸本设色　2017

（右图）山水系列之四　89cm×29cm　纸本设色　2017
（左图）山水系列之五　89.5cm×24cm　纸本设色　2017

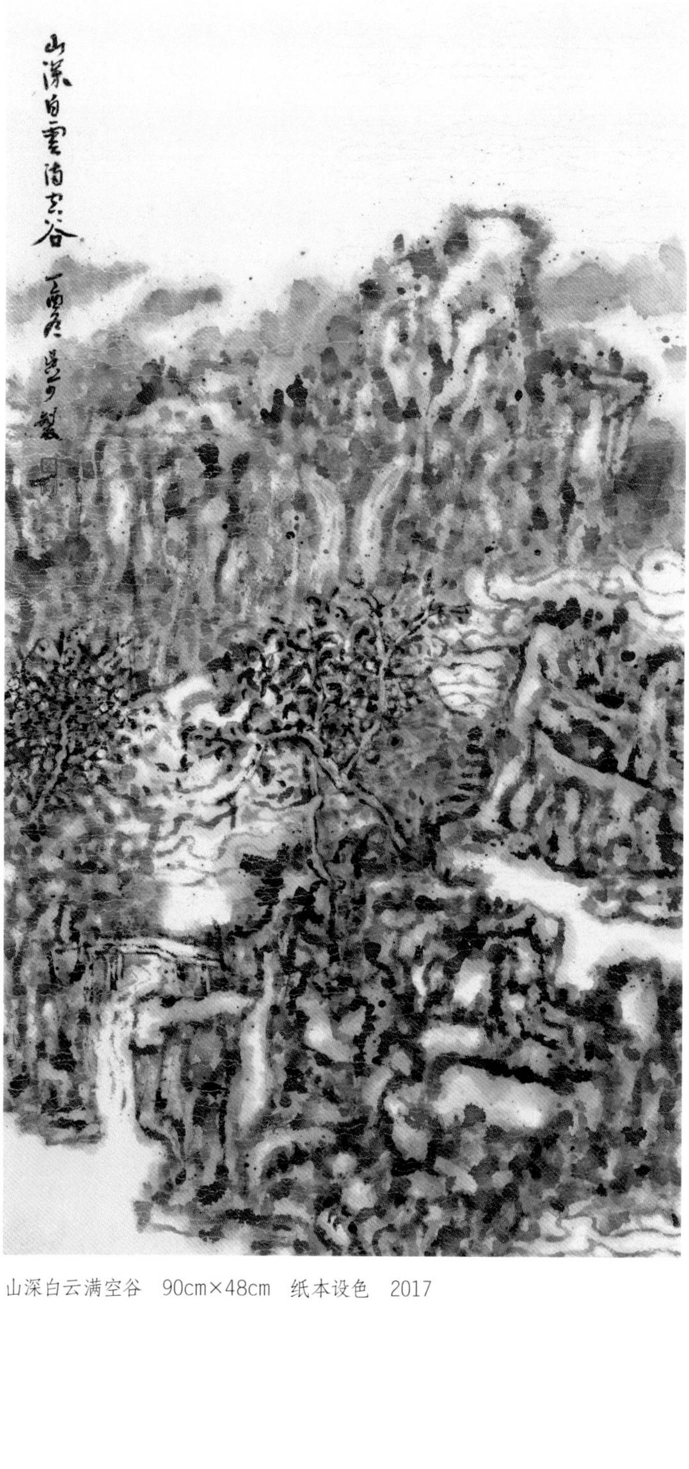

山深白云满空谷　90cm×48cm　纸本设色　2017

身在山中心在外　89cm×48cm　纸本设色　2016

青山远烟图 103.5cm×35cm 纸本设色 2016

秋山云卷　89cm×40cm　纸本设色　2017

秋山云卷（局部）

访谈及古镇影像

别样山水

——访艺术家吴可

时间 / 2017年7月31日下午
地点 / 上海市青浦区朱家角东方庭院

陈瑞（以下简称“陈”）：我看您简历上写的是跟石禅老师、黄阿忠老师学的中国画?

吴可（以下简称“吴”）：大概是2001年开始跟黄阿忠老师接触的，因为我是1987年开始跟石禅老师学习中国画的。石禅老师是一个对中国画的理解非常到位的画家，而且他的中国画传统笔墨功夫相当深厚。

陈：黄阿忠老师他不是画油画的吗?

吴：对，黄阿忠老师其实最早还搞过版画，他现在是上海大学上海美术学院油画系的博士生导师。我最早知道阿忠老师是在1987年的《书与画》杂志，在这本杂志上我第一次看到他画的几张荷花，完全是颠覆性的一种表现。因为他的名字也好记，叫“阿忠”，所以一下子就记住了。真正跟黄老师认识是2001年的时候，因为他跟石禅老师都是“上海申窑”的签约画家，我认识黄老师是在窑上他们画瓷的时候。阿忠老师这个人比较善谈，善于跟你交流。这和石禅老师的性格完全不同，这么多年跟石禅老师在一起的时候，由于石禅老师的处事风格不一样，基本上是以示范为主，不大言语，但是他言传身教，会画给你看，怎么用笔，然后会给你讲一些构图、色彩等，非常到位，我是受益相当大的。因为黄老师跟石禅是很好的朋友，看到我的画后他很幽默地评价说“我来给你看看，你的画有什么毛病，然后给你开一个‘药方’”，这样边开玩笑边说……自从这一次以后，他每次来青浦总是要到我的画室去看看画，然后给我指出哪些是比较好的、哪些是需要改进的地方。因为他是以油画为主，所以他对中国画的认识跟一般传统的中国画画家可能有点不一样。很多时候他是从西方绘画的美学关系来分析中国画的构图、运笔什么的，然后他主张的色彩肯定远远比传统青绿山水颜色更多、更丰富。其实你从我的画面已经能看出来，我用的颜色还是比传统的一些中国画的色彩可能要丰富一点，有时甚至用的不是我们中国画的颜料，这还是受黄阿忠老师的影响比较大。所以好多朋友看到我的画，他们就觉得你好像以前画过油画，其实我没正儿八经画过油画，只不过在大学里简单接触过一些水粉、水彩、油画罢了。我对色彩的运用主要还是凭直觉多一点。我觉得那里应该用什么颜色更舒服，感觉好像这个颜色挺好，放在那里自己觉得蛮舒服的。因为你所创作的作品和你的审美取向肯定是一致的，你感觉好才这样去处理，违背自己的审美我觉得还是有点问题的。

陈：以前就讲美是什么，关于美，有一个定义："美是平衡。"就像您说的"舒服"一样，感觉这样比较愉悦或者觉得非常和谐，这样它就非常好了。我也是因为之前只看您的简历，没有对您去做特别详细的了解，以为您有油画的学习背景，我一直以为是这样。

吴：其实绘画主要讲究的是一个画面的协调，也就是我经常讲的"舒服"，这是相当关键的。创作的常规思路，是根据色彩的规律、色彩的关系，各种对比地处理等。在中国画里面也有"色彩"的关系。特别像我们民间的绘画里面，经常出现看上去很"大俗"的一些颜色。当你反复品味这些东西的时候，就觉得有些东西是很高级的，而且无法用那种西画的色彩原理去解释它，觉得这个

山水系列之六、之七　27cm×27cm×2　纸本水墨　2017

画面出来的效果很讨人喜欢，又感觉不俗。所以颜色这一块我觉得是与生俱来的人类对美的一种本能的追求，并不强调你所谓的一些色彩上比较科学的关系在里面，还是这种人本能喜欢的东西多一点比较好。

陈：您个人比较喜欢哪个时期的中国古代的山水画？

吴：我个人还是比较喜欢宋元时代的山水画，因为宋代是绘画全盛期，画院规模齐备，名家层出不穷，经典作品不断涌现。山水画的水墨格法也空前发展，各种科目画技日趋完善。脱离了隋唐以来“先勾后填”之法，出现了讲究笔墨韵味的皴、擦、点、染等技法程式。山水画造景注重造化、理性、审美特色。由政教、宗教精神逐渐转向人文精神，而且美学著作独到，艺术思潮活跃。宋代山水审美开始逐步走向较为单纯的愉悦心理活动，而元代山水则是宋代的延续。

陈：您刚才讲西方的风景画，其实大家都喜欢拿西方的风景画和中国的山水画做一个对比，这两者之间有没有区别，您觉得怎么来做这样的平衡或者对比？

吴：我觉得它们之间有些地方还是相通的，印象派的一些表现方向跟我们中国画有异曲同工之妙，因为都是着重一些写意的表现，比较朦胧。就像黄宾虹的山水画，晚年他的眼睛已经看不清了，但他所表现的山水画，就是凭他本能的一种绘画意识完成的，呈现出“似与不似”的最高境界，更多的是一种缥缈意识的东西了，好像给观者

山水系列之八、之九　27cm×27cm×2　纸本水墨　2017

极大的想象空间，又不失他对绘画的一种规律遵循，达到了“天人合一”的境界。

陈：从您的画里面能感觉到，可能是受黄宾虹的一些影响，也是借鉴了他的一些构图之类的，在之前的作品画面里。

吴：是的。

陈：但是现在可能不一样了，现在可能色彩是主要的一个方向，特别是在这次的展览里面。

吴：因为对任何一个中国画家来说，肯定是先学习传统的，借助于画谱，对历代一些名家作品的临摹观察学习，然后又逐渐从他们的作品里学到一些最基本的技法、构图等，再对历代的那些画家都有所了解。其实你刚才讲得没错，我临摹了多年黄宾虹的作品，因为我喜欢黄宾虹，觉得他这样的画法就是我想表达的。临摹了一段时间后，我感觉这样也不对，将来会很难走出黄宾虹这一路的画法。但毕竟临摹一段时间了，我的画里面你还是能找到黄宾虹的画的影子。作为一个山水画家，学习前人是必须的经历，你学他们的技法，领悟一些好东西，包括运笔、气韵、格调等。这些都是你要自己去体会感受的，在以后的创作当中，不经意间它会流露出来。

陈：现在《彼岸山水》这个系列，我觉得还是给人眼前一亮的感觉，如果对比刚刚您说的印象派，其实我觉得

山水系列之十、之十一　27cm×27cm×2　纸本水墨　2017

山水系列之十二、之十三　27cm×27cm×2　纸本水墨、设色　2017

山水系列之十四、之十五　27cm×27cm×2　纸本水墨、设色　2017

现在用这种色块还有一些色彩上的构成，其实更像后印象派，就是塞尚这一类，因为它讲究的是结构和色彩的结合，现在我发现是有点这种感觉，就是属于这种后印象派的感觉，而且是属于立体派早期的一点感觉，这个是蛮有意思的。

吴：这次因为要到国外去展览，所以我又在以前所画的一些作品基础上做了一点尝试。由于传统的中国山水画在外国人的印象当中，就是他们在博物馆里面看到的一些东西，都是古代的经典作品，他们看得太多了，感觉都是一种灰调子，以水墨为主。而中国的传统经典对他们来说其实不一定能完全理解，毕竟东西方国家之间文化差异很大，中国画跟西洋画本来就有差异，包括中西方文化的差异、思维的差异等。创新、融合势在必行，尽量做到既不失我们中国画传统技法的最基本的东西，又能展现我们东方文化特有的优秀传统品质，所以我必须要做一些尝试。

陈：您觉得下一步还会往里面继续深入吗？比如说再抽象一点。

吴：在这一点上我肯定要继续摸索下去。应该说我画这批画的时间不是很长，就在两年多时间里面做了大量的尝试，在创作的过程中也积累了一些经验，慢慢有点感觉了，但还有太多的不足，需要揣摩。所以，我在这一方面会继续地往下走，边摸索边学习……这次展览画了三个部分：第一部分是我最近创作的，我称作《彼岸山水》。第二部分是《知音》，是我按自己对传统的一些理解，所做的一些尝试。第三部分是《问道》，《问道》相对来说比较纯粹，用

（上图）仿古山水　27cm×27cm　纸本水墨　2020
（下图）山水系列之十六　27cm×27cm　纸本水墨　2017

（左图、右图）山水系列之十七、之十八　27cm×27cm×2　纸本水墨　2017

中国画里面的焦墨画法，纯粹地用墨的线条表现画面。《问道》部分其实就是焦墨画，只不过我把对焦墨画的理解，用自己的感受把它表现出来而已。

陈：我也想问这个问题，我原来看您这个焦墨的时候是比较喜欢的，因为第一它冲击力比较强，第二有点像我们以前讲的叫“庖丁解牛”，或者是直接取其筋骨的这种感觉，然后很利索、很干净，把这个结构做出来。虽然都是很实的线条、很重的墨，但是一点都不比想象的写意、浅绛、皴法这种差，其实想象空间也是蛮强的，这个还是我一直比较喜欢的一个系列。

吴：焦墨画是我们中国画的一个精粹部分，近代的像张仃等前辈也做过好多尝试，而且你刚才说的画面冲击力，都完全不输于水墨画，这是另外一种传统中国画的表达及展现形式。其实反而更觉得它有一种力量，对我们中国画有更纯粹的一种理解，越原始的往往越能打动人，只用毛笔、宣纸、墨汁来呈现，并且对造型和其他物体的描述，对大自然的山山水水的表达，根据个人的理解，充分利用线条的特性、线条的组合，结合用笔的快慢节奏、用墨的浓淡虚实，对视觉的冲击力还是很强烈的。

陈: 这是蛮有意思的事。您曾经学过中国画，但是其实这几种风格，特别是色彩的和焦墨的，反而像西画中立体派的、构成派的一些东西，这个蛮有意思。

吴: 我感觉这是比较正常的，因为现在媒体太发达了，不知不觉会产生信息大融合，不像我们刚开始学画的时候，要看一个展览，去弄一本画册，这是很难的事情。但现在你看，包括网上的，还有国内国外的展览，你出去游玩的话，每到一个地方都要上美术馆、博物馆看一下，所以信息量很大，导致你看过的使你有印象的东西会自然而然地在你的绘画里表现出来，很容易产生艺术的“串味儿”，我觉得还是比较容易接受这样的现象的。

陈: 您对当代艺术也比较关注吗?

吴: 是的，我是选择性地关注，有我喜欢的作品就多关注一点、多看一眼，然后我会寻找一些对我来说有营养的东西，或者是对我创作有弥补的一些东西。这是潜移默化的一个过程，跟人体吸收营养是一样的道理，你哪一方面有缺乏，你就特别喜欢这类的东西。所以，我比较注意观察，看得比较多。如出去写生也好、采风也罢，不一定到每个地方都动笔，你看多了结合你的感受，你可能表达出来的东西就不一样了，这样会更加真实一些，也符合你想要的画面效果。

陈: 您觉得您是一个当代水墨画画家吗?

吴: 肯定谈不上。画家其实是很难定位的，你是山水画家、花鸟画家，还是人物画家，传统的还是当代的，我觉得都无所谓。绘画从某种意义来讲是相通的。千万不要定义谁是当代的、谁是传统的，这个其实是很辩证的事

山水系列之十九、之二十 27cm×27cm×2 纸本水墨 2017

情。有可能现在的当代若干年后就成为传统，而传统里也有好多当代的元素。

陈：主要还是有自己的一个艺术观的问题。

吴：对，这很关键。因为作为一个画家来说，你自己的认知和你自己的绘画表现力，我感觉是非常重要的，因为每个人的思想、审美取向肯定是不一样的，所以我画画的时候，比较喜欢率性的东西，一幅画往往出其不意的效果会更加多一点。

陈：有没有特别的构图？

吴：没有，好多都是一种意外的东西，然后根据一些意外的状况出现而做调整，这样更加符合自己的感觉，所以我对绘画构图不是太刻意。我是反对跟着理论去画画的，因为对古人的一些绘画理论，我是这样理解的：他们原先也没什么理论，只不过在绘画的过程中对于自己碰到的一些问题，或者要注意

山水系列之二十一、之二十二、之二十三　27cm×27cm×3　纸本水墨　2017

的一些情况，总结了一些经验、体验罢了。如果现在你要片面地用理论指导绘画，我觉得作用不是很明显，相反可能在画画过程中对你的创作是有束缚的。

陈：先入为主。

吴：对。

陈：这属于两个范畴，艺术家的所谓的创作经验和创作体会与艺术理论，你要辩证地去看。

吴：严格来说，理论和绘画是两个课题。当然画画的人要掌握一定的理论基础，肯定是有好处的，不能违背一些最常规的基础理论。但是有的时候我觉得也不能看得太重，因为绘画本来是艺术家对整个事物、自然界的一种感悟。每一个人的想法不一样，包括你的阅历、情感等。艺术家在不同的人生阶段有不同的感受及画面体现，所以左右作品的不仅仅是理论，还有好多画外的因素。

游历影像

陈：有可能是共性的问题。

吴：对。

陈：刚才讲到西方的风景画，因为您这次是去欧洲做这样的巡展，有时难免会产生中西艺术的一个对比，当然您的画到了西方肯定也会有一些碰撞，会产生一些新的不同的感受。所以我就想问，您对这次展览有什么样的期待？您的作品到法国和英国这样的语境里面，或者说观众看您的画，您觉着要不要指导他怎么来欣赏中国画，分析中国画和西方的风景画有什么区别。

吴：这次选择到法国巴黎和英国伦敦举办展览，因为巴黎跟伦敦是世界上非常重要的艺术中心，拥有非常发达的艺术机构和博物馆，包括来自世界各地非常优秀的艺术家，都聚集在那里。而我们中国画家到国外展览相对来说还是比较少，因为我们东方

翠影笼 178cm×48cm 纸本水墨 2017

文化跟西方文化的差异，其实是很大的。我觉得作为艺术来说，应该是不分国界的，作为中国画到那种不同的文化语境里面，让他们去解析、让他们去批判，这些都无所谓。因为你先要把你想表达的东西表达出来，然后让他们去理解，或许是完全不同的一种理解，都无所谓，因为每一个欣赏者，他看画的角度都不一样。你刚才说的让我把每幅作品跟他们解释，其实我觉得没什么必要。每一个人对事物的感觉、感受是完全不一样的……仁者见仁，智者见智。

陈：这蛮有意思的，如果在现场的时候也可以做一些调查和访问，把西方观众对于您作品不同的感受表达出来，也蛮好的。

吴：对，这个其实也是我想要了解的。这批画我用了大量的色彩，尝试在中国画中使用这样的表达方式，对于我来说，我很想听听西方的一些观众、艺术家，他们会发出什么样的声音，感觉你这个画好在哪里、差在哪里，好像有不妥又好像有精彩的地方，好的东西可能你自己都没发现，旁观者有的时候比你率先发现，这些都是微妙的一些东西。然后你得到不同观众的反响，我会认真听取来自各方的批评。回来后会在我的绘画中慢慢地改进完善一些好的东西，把一些不好的东西尽量避免，慢慢地使作品成熟起来。

陈：现在您就很成熟。还有一个问题，刚才您也提到写生问题，就是这个可能和西方的风景画也是不一样的。西方的风景画可能是对景写生，特别是到了印象派之后，它是运用了光学科学的一种手法，还是要对景写生、对景分析。对于中国画，您刚才也讲了目识心记，或者还有一些别的理念。比如说“卧

翠色烟叠　178cm×48cm　纸本水墨　2017

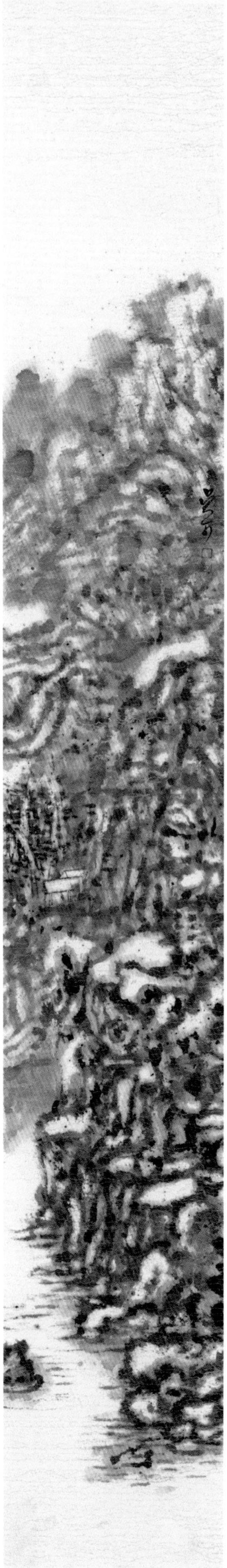

烟云深处 173cm×24cm 纸本水墨 2017

游”，当时王履也讲过“吾师心，心师目，目师华山”。还有一种理论就是，我看到了不一定要对着写，可能这个也是不同的创作理念，在中国山水画和西方的风景画里面，比较大的一个区别其实也是这点，最后也可能形成它们不同的面貌。

吴：关于写生这一块，我不是很主张每看到一个景就拿出画架对景写生。因为我感觉对中国画的理解，它本身就是写意的，你看我们中国的传统山水，画得再逼真，你让国外的一些朋友去看，这个山真实吗？肯定不像山。然后有好多透视原因，西画是焦点透视，注重写实。而我们是散点透视，同样，好多画面上的东西其实你眼睛是看不到的，更多的是想象。所以我主张，画中国画必须“行万里路，读万卷书”，“读万卷书”肯定不会错的，但“行万里路”我觉得更重要。因为你跑的地方多了，对各地的名山大川也见多了，会有各种不同的感受和理解。比较一些具有历史故事的地方，会让你有一种触景生情的感受。我们中国几千年沉淀下来的传统文化，包含好多精彩的历史故事、人文典故，或者一些神话传说，这些从小就听的故事都已经记在心里了。我每年出去写生游玩的时间比较多，写生稿是比较简单的，只是勾勒几笔，把一些我认为重要的东西勾出来。像我们画山水画的，其实心中有好多这样的构图，所以我觉得写生不应该太具象化，对你以后的创作可能有一定的束缚，至少你的想象空间受限了。

陈：这一点我是比较认同的，写生和创作的区别还是很大的，因为现在我们受这种所谓西方的模式影响，往那一坐就开始画，画一个山头、一棵松树，相当于把中国山水画的时空维度给缩小了、压缩了，这是有问题的。之前还有些人拿着荆浩的画到太行山去对比，结果发现这个也像、那个也像，好像又都不是，这是比较有意思的事情。虽然您生活在江南水乡，但我觉得您的画里面更有北方的大气的感觉，这是什么原因？因为中国绘画里面一直也在讲南北宗的区别。您的画里面这一点和其他的画家还是不一样的，因为有些人，比如浙江的画家，一看他就是浙江的，而北方的画家，像北京的、河北的这些，一看就是北方的。您的画其实第一眼感觉还是北方的，蛮大气的。但细细品

烟云深处（局部）

青山远隔 173cm×24cm 纸本水墨 2017

还是蛮润的，这是比较有意思的事。

吴：我感觉南北宗论是一种现象，由于当时交通等各方面肯定和现在没法比，南北方地域性的差异非常明显，但现在这个感觉是完全没有了，交通发达、交流畅通。绘画是一种本性的、情感的宣泄。可能跟画家个人的性格有关系吧。其实北方有细腻的人，南方也有粗放的人，现在我觉得地域性差异没有那么强烈。因为我这个人性格比较直爽，画画也是这样，看我画画也是很果断的，没有拖泥带水、细细描描的，我不喜欢这样干，因为它也不是我想要的。

陈：回到最早的问题，之前对您的艺术创作历程还不是特别了解，您讲了是从1986年开始画画到今年已经30多年了。但其实您也就是这两年才开始慢慢参加活动，之前20多年可以说是一个沉静期或者说自己在家里画画，也没有参加太多活动，当时是一个什么样的状态和心态？

吴：其实我画画的时间也不算短，1986年到现在已经30多年了，大概是从2012年开始，因为老师对我要求也蛮严格，他们感觉不成熟，作品至少要拿得出手，你自己不满意的不能拿出去。还有我觉得对搞艺术一定要有一颗敬畏之心，你不要把艺术不当一回事，作品过分随意对画家不是很有利。以前小范围的展览我也有，但这也是大家小范围的一些探讨。当你对自己的作品不满意的时候，我觉得没有必要亮相；当你对自己的作品比较满意了，然后通过展示，获得观者对你的批评了，这样对你的艺术道路肯定是有帮助的。所以这么多年来我不太热衷参加展览，因为我觉得还没到时候。

陈：其实您能做到是蛮难得的，这也是现在能一下这么火的一个原因。

吴：这是对艺术的敬畏吧，我觉得“敬畏”这两个字对搞艺术的人来说，还是要认真地对待。搞艺术本来就是我们生活中的一种奢侈行为，你不拿它当回事，对艺术是一种侮辱，抱着这种心态搞艺术不可能有任何收获，能有任何一点点小的成就我都觉得不大可能。

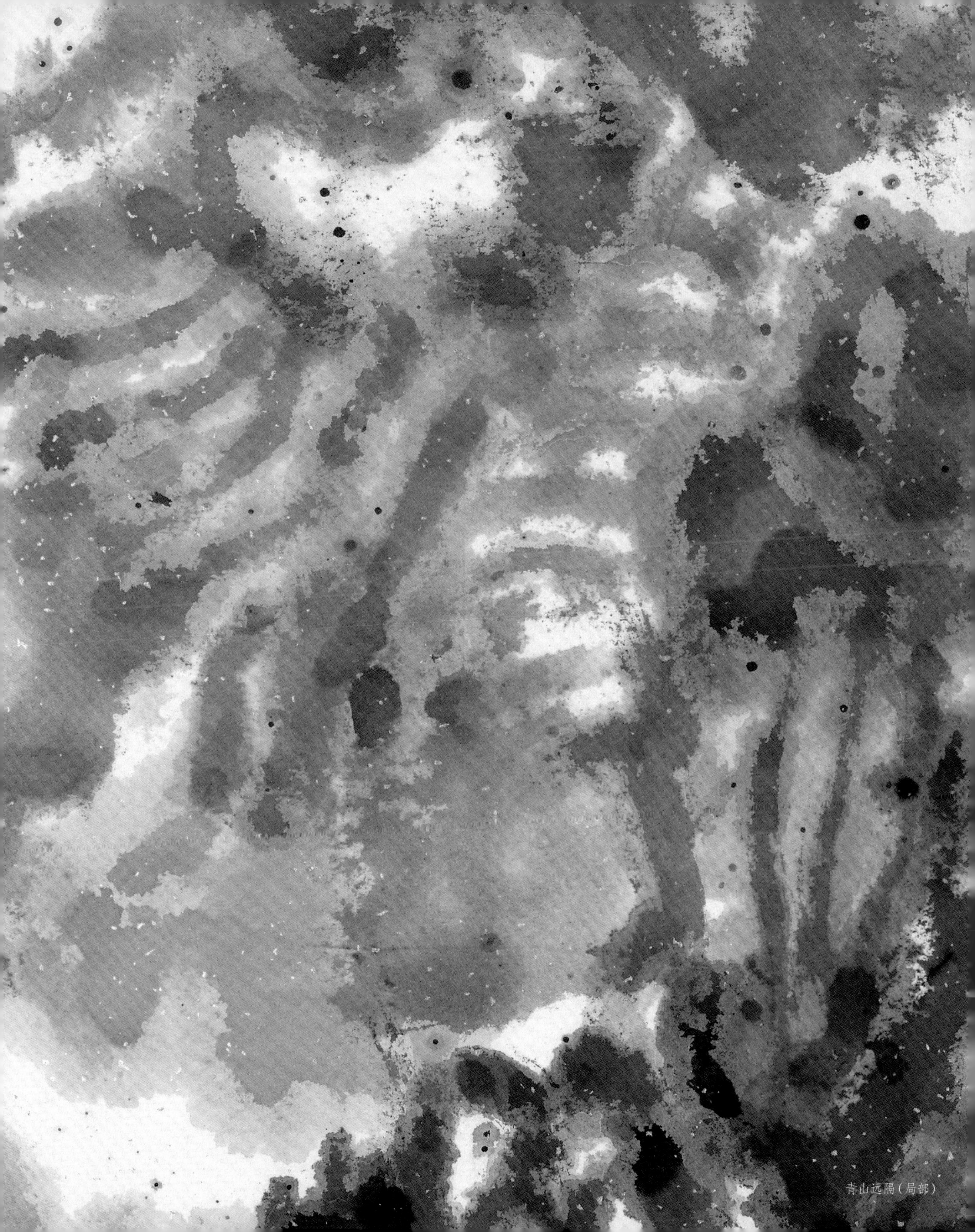

青山远阔（局部）

（右图）溪光山色风自清　90cm×24cm　纸本水墨　2018

（左图）云外高风寺更古　89.5cm×24cm　纸本设色　2018

画室一角

陈： 还有一个问题，之前石涛讲的“笔墨当随时代”，这个现在也是，现在是手机时代、互联网时代，您觉得画家的山水画跟这个时代是种隔绝或者说是逃避，还是说有内在的联系？

吴： 恰恰相反，我觉得他（石涛）当时提“笔墨当随时代”也不是很严谨的一种提法，每个时代的笔墨的分界线是很模糊的。我感觉“笔墨当随时代”只是一种口号罢了，它其实是在提倡一种创新的观点，就是在传统的意义上要更加创新，就这么简单。这样我们的艺术生命力会更强，也能不断地在创新中成长！

陈： 我们也可以把笔墨抛开，就说创作吧。您觉得创作和这个时代是什么样的关系？

吴： 山水画创作在于我自己对大好河山的感受和赞美，特别是当你发现好多以前的比较原生态的东西失去得越来越多的时候，你就有一种愿望，有一种理想中想要的山水，是一种跟现实完全不一样的理想状态的山水，把它表现出来，呈现的画面就是你想要的一种山水，这正是我们山水画家非常可贵的地方。因为每一个人对美好生活的追求不一样，把以前的一些我们失去的东西，在我的画面上反映出来，这正是我们理想中的山水。就像古人那种对山水的可观、可游、可居的美好愿望。

孤舟依岸人自闲 173cm×24cm 纸本水墨 2017

孤舟依岸人自闲（局部）

山空无人水自流　103.5cm×35cm　纸本设色　2015

（左图）知音系列之四　72cm×28.5cm　纸本设色　2017
（右图）知音系列之五　89.5cm×42cm　纸本设色　2017

雨洗秋山净 89cm×41cm 纸本设色 2017

青山烟云 85cm×40cm 纸本设色 2017

（上图）山色如烟秋天外　68cm×48cm　纸本水墨　2017

（下图）雨过山色渐欲开　68cm×48cm　纸本设色　2017

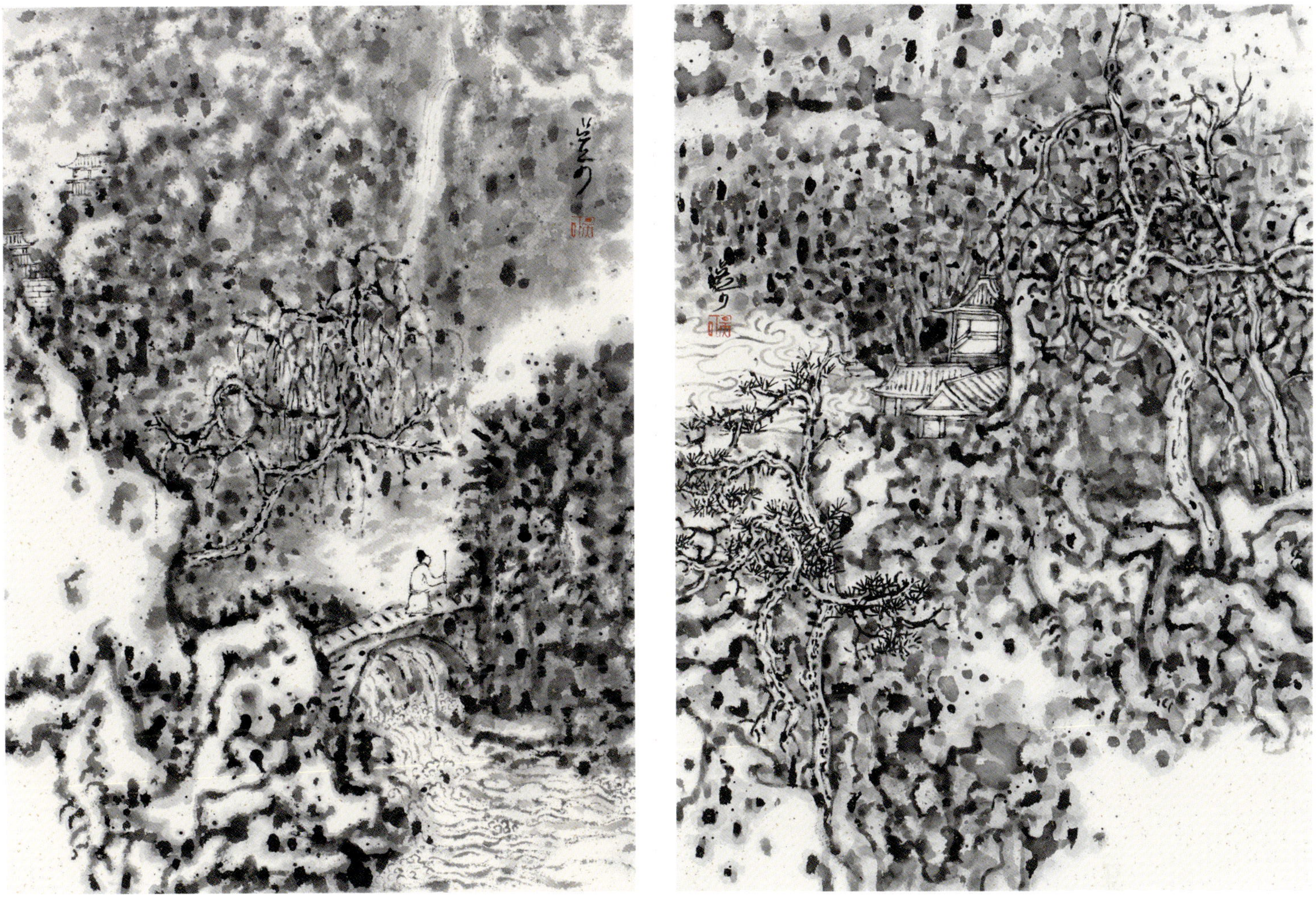

知音系列之六、之七　68cm×48cm×2　纸本水墨　2022

老树悠悠涧水流　46cm×70cm　纸本设色　2019

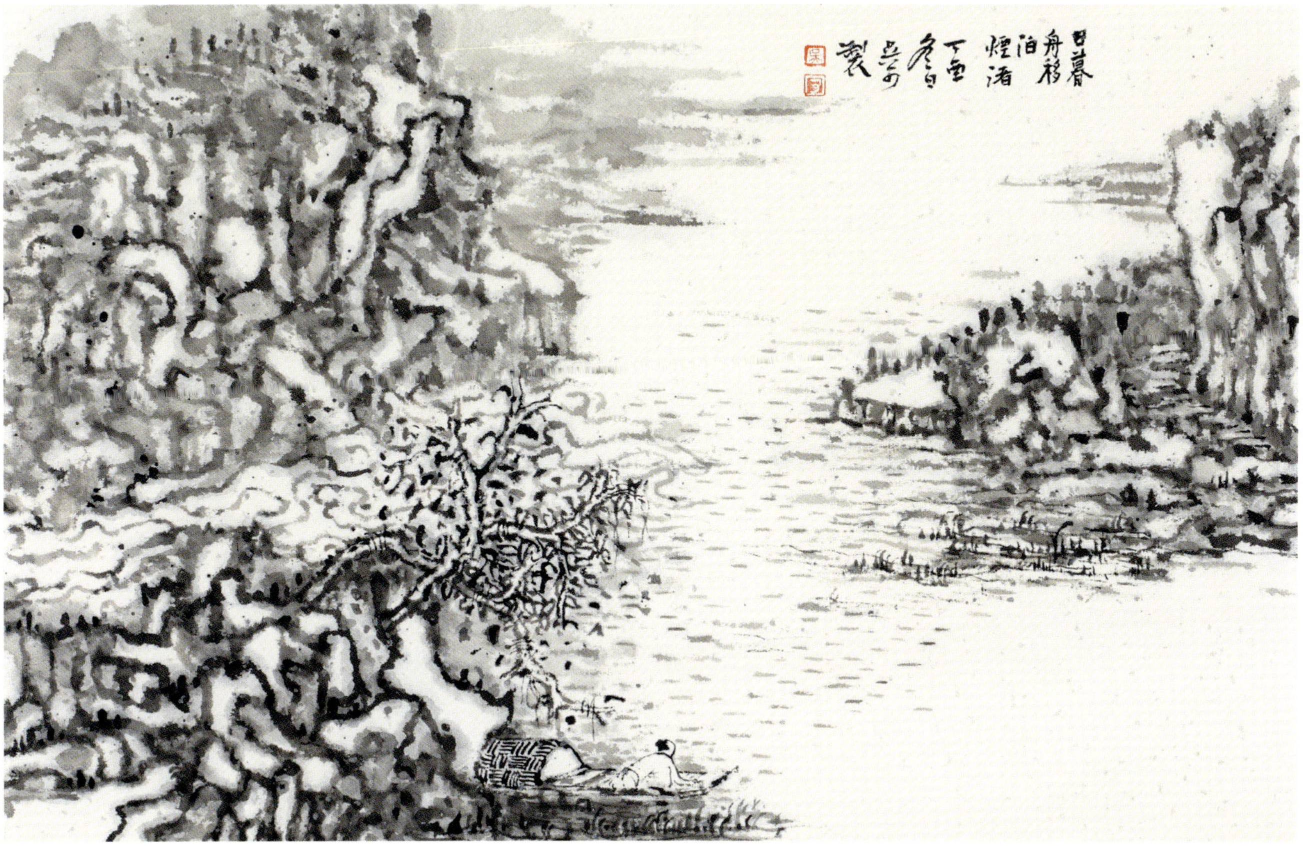

（上图）亭阁依石寒　46cm×70cm　纸本设色　2018
（下图）日暮舟移泊　45cm×70cm　纸本设色　2017

知音系列之八　69cm×35cm　纸本设色　2022

知音系列之九　70cm×35cm　纸本设色　2022

清秋访友白云溪　88cm×48cm　纸本水墨　2018

青山数点近水涯　89cm×48cm　纸本水墨　2018

暮霭连山迷春雨 104cm×35cm 纸本水墨 2017

山水系列之二十四　49cm×29cm　纸本设色　2017

知音系列之十　89cm×48cm　纸本设色　2022

夕阳茅舍客沽酒　89cm×48cm　纸本水墨　2019

与师长交往影像

多韵彩印

我宁愿赞成中国画家保持相对的纯粹性，保持这一画种固有的独特性，唯其如此，在当下多元化和多样性的局面下，才能够生存和延续。我说了吴可埋头画画，并不表示他不做思考。就他的作品而言，他的思考集中反映出他的追求，这是一种比较理想的状态。山水画在我们的时代仍然是主要画种，正如山水画的危机映衬着整个中国画的危机一样，在时代变化之际，显得无比混乱和无序。如果画家本人失衡，结果可想而知。——李小山

谈吴可山水画

文 / 李小山（南京艺术学院教授，艺术评论家）

对于尚未被大家知道并接受的画家，都会遇到同样的问题，即我的作品在何种程度、何种范围内可以被认定是优秀的？毫无疑问，任何个人都无法完全把握自我评价和自我状态，因为个人不可能孤立于众人之外。换言之，个人和众人永远是一对矛盾，走得太近，容易被众人的趣味绑架，离得太远，容易造成自我孤立，自我孤立和自我消解的负面制约是同样不可取的。

不久前，我的同乡老友老屠向我介绍上海画家吴可的作品，并告知，吴可长年独自埋头画画，没有参加过展览，没有出过画册。我第一次看到吴可数十幅作品，感觉此人确是块画画的料儿：执着、热情、单纯，富有理解力。按我的观点，我对当下的中国画是不看好的，尤其对那些所谓的名家大腕儿，大多嗤之以鼻。众所周知的事实是，在当下，各种非艺术非学术的因素几乎彻底遮蔽了艺术和学术本身，使得标准严重扭曲，让一帮善于经营的家伙如鱼得水。一个画家一旦变成了明星，只懂得向权力或资本谄媚，早不知艺术为何物、艺术的品质为何物了。吴可把全部心思摆在画画上，按照他自己心目中的“好”的标准，一步一个脚印缓缓迈进，是值得赞许和鼓励的。

山水画自宋代以来代表了中国绘画的最高成就，因此也奠定了其难度和门槛。吴可主攻山水画，或许并不是为了挑战什么，他只是喜欢，只是爱好，其实这反倒是一个优势。我看到不少打算超越前人的人，口号喊得很响，实际却事与愿违，他们忘了一个基本的条件，他们不生活在宋代，不生活在元代，不生活在明、清两代——以时髦的说法，他们无法穿越到古代，因而就无法追寻所谓的古意——连距今几百年前的石涛都说了“笔墨当随时代”的道理，何谈超越？况且，时至今日，“笔墨”甚至不是中国画家的头等问题。因为绘画的概念在我们

的时代已经发生了前人根本无法想象的变化，我们面对的不光是本国本民族的文化和传统，我们同时面对着不同国家不同民族的文化和传统，这是我们理解一切事物和观念的新的基础。

所以，我宁愿赞成中国画家保持相对的纯粹性，保持这一画种固有的独特性，唯其如此，在当下多元化和多样性的局面下，才能够生存和延续。我说了吴可埋头画画，并不表示他不做思考。就他的作品而言，他的思考集中反映出他的追求，这是一种比较理想的状态。山水画在我们的时代仍然是主要画种，正如山水画的危机映衬着整个中国画的危机一样，在时代变化之际，显得无比混乱和无序。如果画家本人失衡，结果可想而知。

吴可的画面样式囿于传统一路，这是一般出于对传统绘画偏爱的人必然的做法。偏爱传统有好的一面，它能够让人有矩可循，按某种既成标准进行实践；亦有不好的一面，它容易使人滋生惰性，以现成法则亦步亦趋。这就要看每个个人如何落实、如何面对了。我一直认为，在当今这样多元化、多样性的时代，类似吴可这类的画家唯有咬紧一个目标，不断积累、不断深入，在画面的品质上下功夫，才有希望。

别样山水系列之二　69cm×35cm　纸本设色　2017

别样山水系列之一　68cm×68cm　纸本设色　2017

烟云一溪尽春色　70cm×46.5cm　纸本设色　2023

有客抱书躲舟篷　70cm×48cm　纸本设色　2023

（右图）悠然烟林中　138cm×35cm　纸本设色　2021

（左图）山水系列之二十五　138cm×35cm　纸本设色　2017

（右图）水色缥缈云含白　138cm×35cm　纸本设色　2021

（左图）山水系列之二十六　138cm×35cm　纸本设色　2017

彩云幽居 69.5cm×17.5cm 纸本设色 2018

暮色溪边 92cm×24.5cm 纸本设色 2017

画室一角

常识常新
——读吴可的画

文 / 陈瑞（艺术家、策展人）

有时候，我总是偏执地对当代中国画家能否画好山水画抱有疑问。原因很简单，一是中国古代的山水画成就太高了，荆关董巨、刘李马夏、黄王倪吴再到明四家、清四僧、清四家……一座座难以逾越的高峰矗立在面前，换个角度看就是一个个难以逃出的巨大阴影，只是这种心理上的负担就可想而知；二是当代人久居城市的水泥森林中，“久在樊笼里”，不得“返自然”，离大自然太远不说，更是丧失了亲近自然、体悟自然的能力，毕竟山水画之本源是在自然中的。

也许是出于上述原因，综观当今国画圈或者水墨圈，在题材的选择上，绝大部分的画家都选择人物或者花鸟来从事创作，优秀的山水画画家寥寥无几，不能说这就是一种知难而退，但的确是在山水画上想要有所进步更艰难些。同时，前两年“新水墨”的风生水起，其实再次证明了中国画在这个时代的困境与浮躁；对于传统艺术、当代艺术的理解还仅仅停留在表面，对名声与利益的过度追求与崇拜，令许多人丧失了判断力。两面讨好固然可以快活一时，但是能走多远，要打个大大的问号。有句话说得很好，“出来混总是要还的”。

而历史是最有意思的，它总是不断地推倒自己，三十年前反传统的口号还声声在耳，“中国画穷途末路”论还在不断地被重复消费，而在当下，随着时代的变化与历史语境的转换，传统又成了香饽饽，被人们拿出来供奉、瞻仰与消费，每每把传统挂在嘴边，一脸正义凛然，仿佛自己就是传统的法定继承人。

为此，我们2014年专门策划了“高山流水——中国山水画展”，并以上述理由为标准，在全国范围内选择了九位山水画画家参展。这个貌似常规的展览，选择的过程却不可谓不艰难，也许知难而退的人太多了，既有扎实的传统功力又有自身面貌的人实在太少了。除了前面叙述的原因，还要考虑到山水画的传承问

画室一角

题，老中青都要有所考虑，同时每位画家的面貌和关注点也要有所区别。就在我寻觅之际，有位前辈推荐了吴可的作品。虽然对这个名字很陌生，但作为策展人，我向来是先看作品再说话的。在看到吴可的作品后，第一个问题是，他是哪里人或者是哪里受业？因为他的画面中有一股强烈的夹杂着个性的气息扑面而来，既有北方的大气，又有南方的细腻，苍苍茫茫的画面中又带着些许氤氲。细而读之，察其画面空灵又不乏沉稳，用笔多为中锋，笔力遒劲，用墨多为焦墨，但焦中藏润，不失灵性。中国画自古就有“南派”与“北派”之争，但能取南北之精华者少之又少，毫无疑问，吴可有这样的志向和气度。

对于山水画的创作，吴可有自己的理解：“山水画的创作，并非是具体山水之表现，而是寄身于山水之体验。古人所谓的‘画不过意思而已’，大概就是这个意思吧。”这句貌似轻描淡写的话语，却道出山水画创作之时弊。大家走得太快了，都急着赶路，不断地拍拍照片，不断地刷微信、微博，怕错过每一处的风景，却又一无所得。所以说，坚持在山水画领域进行长期的深层次的探索，并且既对传统有深入的理解，又在充分吸收的情况下从传统中走出自己的面貌，这样的山水画画家，在这个时代是难能可贵的。

当然，我并不是传统的卫道士。对于艺术作品，我一直有一个看法，就是传统也好，当代也罢，东方也好，西方也罢，都有一个评判的综合标准，虽然这个标准不会像卷尺上的刻度那样僵硬，但是综合优秀的评价标准，自然会得出一个中肯的答案。虽然我们常说“笔墨当随时代”，固然也会造成“标准当随时代”，但有一些标准是不会变的，因为人类优秀而伟大的文明成就就像一个个标杆，并不会有太大的偏差。

当代中国画创作，诸如新金陵画派、长安画派等去记录、歌颂、弘扬时代的作品，

（上图）游山小景 70cm×70cm 纸本设色 2016
（下图）溪边雅事 70cm×70cm 纸本设色 2017

画室一角

不会因为其时代性就忽视作者的笔墨功夫、传统功力等“法定常识”，反而随着时代的推移，这些“常识”如金子般越发显现。

也许，在吴可的观念中，并没有传统与当代之分，那些所谓的概念、那些所谓的程式与符号，也都消解在他的笔墨之中。他是一个专心画画的人，更是一个尊重常识的人。

2015年8月于石城

（上图）别样山水系列之三　70cm×70cm　纸本设色　2017

（下图）别样山水系列之四　70cm×70cm　纸本设色　2017

（上图）别样山水系列之五 70cm×70cm 纸本设色 2017
（下图）别样山水系列之六 70cm×70cm 纸本设色 2017

别样山水系列之七　89cm×48cm　纸本设色　2017

别样山水系列之七（局部）

纵横笔墨写性情

文 / 黄阿忠（上海大学上海美术学院教授、博士研究生导师，艺术家、作家）

巃中远峰倚亭阁　47cm×69cm　纸本设色　2018

吴可研习中国画多年，尤工山水，数年来纵横笔墨，抒写性情，终有蔚蔚之大观。学习中国画不管你是画写意的，还是工笔的，是山水，还是人物，我以为抒写性情是最为重要的。要说“性情”，它是一个画家的风格、面貌和个性，是一幅画的灵魂、气息和品格。通常我们说的“笔墨”，其实同“性情”也息息相关，所谓“笔情”“墨趣”是矣，换句话说，你的笔墨一定联系着作品的品位和气息。

吴可的山水有性情。一方面是他的作品释放着疏野和清奇的气息，另一方面是他的笔墨又有趣味可寻。从“性情”入画，或许是进入中国画学习的一种新的方法；从“笔墨”着手，或许又是得中国画传统之宝典。正因为如此，吴可的山水并未见其师承，如果说是秉承宋、元，娄东、虞山各派，似有笔迹、墨象可求，却又找不到脉络沿袭；要说是学习了石涛、八大，但也不是亦步亦趋。由此

别样山水系列之八　89cm×48cm　纸本设色　2017

秋深渔正兴 178.5cm×24cm 纸本设色 2016

看来，可谓上溯无源。从另一个角度讲，亦无有入艺术学院之经历，并得以素描、双勾、色彩、线条等规范学习，又可说受业无道。但恰恰因为他没有门派之约束，而得自由的天地，没有被学院模式捆绑，而未染学究之习气。在某种意义上，这或许是一件好事，也正因为这样，使得吴可在山水的探索上有了更多的自我发展。行文于此，也许有人会问，这是什么路子？！也就是想说，这种我自为我的画法是“野”路子。当然，门派师承和学院式教育，在一般人看来是“正宗”，而这种自我摸索和创造的是“野”路子。这“正”“野”之说也是我今天想要探讨的。从中国绘画史看，在任何时期，“正”“野”都是相对的、辩证的，“正”“野”并存着、转化着；前朝的“野”，经过一段时间的研琢，说不定就成了当下的“正”。而在这“正”“野”转化的过程中又拓展出许多技法、意念和境地，时代也就在这转化中不知不觉地向前推进了。我记得当年乒乓球世界冠军徐寅生写过一本叫《关于如何打乒乓球》的书。书中讲到，他们那时在弄堂里搁一块门板打乒乓球，琢磨的全是一些“野”路子的球，而正是这个“野”路子，打败了当时骄横一时的日本。乒乓球和绘画当然不一样，但徐寅生说的道理，却非常值得画画人去深思。

我们再来看吴可的画。首先看这窄长的尺幅，它已经在形式上取胜了。接着看条屏中长长短短之线条，其采用焦墨点缀，虽无浓淡分出，却有滋润之感。笔法由下而上，先是丛林灌木，边有乱石小溪，左一木桥横架，隐有山路往右盘上，疏野中有一亭翼然，亭中两文人促膝捉对手谈，煞有趣味。忽见窸窸窣窣之短线连接凉亭，渐呈峰峦叠嶂，其疏密、节奏恰到好处。尽管整幅作品焦墨完成，但却没有枯槁的感觉。或有水墨之山水抒写，从三两间草屋开笔，屋厢贤士捧书诵读，似有声悠然，乃用墨有韵之故。草堂之上松柏古樟蔽阴，但见墨块纵横，写出云绕群峰，可品疏朗之古意。吴可亦善画扇面，你可在其画案见得厚厚一叠扇形之纸，可以看到他的用功；你又能在画桌上看到写满性情的笔墨，又可体会到他的用心。综观形式多样的扇面，其章法无穷尽也，好似棋局，千年来无一重复。一张一张看过，山峦一会儿居左，一会儿置右；水塘忽而于山中，溪泉须臾满纸流。一幅一幅品去，三五古松互倚，七八石块堆垒，一小舟泊水天之际，数片帆济渺渺沧海。其笔墨见性情也，或雄浑、缜密、自然、豪放等趣味，高雅而不落俗套。于长线写滚滚东流水，抒心中之悠情，飘逸也；就短点皴绵绵万重山，发胸中之意气，旷达也。

吴可的山水，让我们品出了抒我之为我的性情，给我们看到了写师古造化之笔墨。

秋深渔正兴（局部）

别样山水系列之九 178cm×24cm 纸本设色 2017

别样山水系列之九（局部）

别样山水系列之十 178cm×24cm 纸本设色 2017

别样山水系列之十（局部）

青山空寂语人稀　138cm×35cm　纸本设色　2016

寻梦故里　138cm×35cm　纸本设色　2021

（右图）山色缤纷 69cm×19.5cm 纸本设色 2018

（左图）别样山水系列之十一 70cm×22cm 纸本设色 2018

（右图）别样山水系列之十二　70cm×22cm　纸本设色　2018

（左图）别样山水系列之十三　69cm×23cm　纸本设色　2018

别样山水系列之十四　89cm×48cm　纸本设色　2017

别样山水系列之十四（局部）

几何线的可走向与构成重量

文 / 吴沫（策展人、艺术评论家）

别样山水系列之十五　41cm×136cm　纸本设色　2017

浪漫是骨子里的基因，吴可拥有得入骨三分，而对世间悲悯是浪漫主义的生存秘籍，每一个人都有不同的奉行方式。作为艺术家的吴可，描摹理解，构筑想象，俨然是他的逻辑学。

几何线在吴可的笔墨下极常见，像地铁分布图般科学，每一次落笔又温情脉脉，走笔很出神。我始终相信伟大的数学家是理学诗人，几何本身就是一首简约的诗。所以，我形容吴可的笔墨是能控制情感在宣纸走向的诗性艺术，于克制中完成潇洒行文，游弋充分，质感深刻。我怀疑过很多所谓的“新文人水墨”，也极少“之乎者也”式赞颂高古，当下的一呼一吸，真实且自在，起码吴可从来没有过虚饰文气与过多取巧，反而因为在上海持久的时尚优雅，生出他与水墨间的灵动智慧，再加上这些年展览至各国历练，墨色赋彩高级，能引发深层共鸣。

作为久居江南的文人墨客，吴可的气质很贴合

又别具一格。我在他的画面中越来越多触摸到线条构成的体积与重量，这与一贯处理烟雨清新的南派山水拉开距离，我相信他并不刻意。似乎是久久探索的豁然开朗，他找到了属于自己的思想寄养地。线描得清晰有力，每一笔走向明确，墨色依次晕染，有情绪也有趣致，霁蓝用得高级，如同天青对宋时美学的奠基。最可贵的是，他在中国水墨二维的空间里巧妙地用线勾勒出三维体积，视觉冲击既美妙又厚重，感觉像在山峦叠翠中看云雾缭绕，突然彩虹斜挂般惊喜雀跃，他对心逸山水与实景之间的虚实处理平衡出彩，让你感官全开，于隐秘间舒展欣然。

不断尝试，拥抱真实，山水即心程，吴可与他的艺术默契相处。他所形成的视觉语言，根本不需要我用文字来阐述。一双澄澈懂美的眼睛，一颗没被名利所累的心，足以面对他的画了。

别样山水系列之十六　44cm×38cm　纸本设色　2018

别样山水系列之十七　45cm×34cm　纸本设色　2017

别样山水系列之十八　68cm×34cm　纸本设色　2016

云水环峙　69.5cm×35cm　纸本设色　2018

别样山水系列之十九　22cm×48cm　纸本设色　2019

2019

别样山水系列之二十　20cm×55cm　纸本设色　2017

别样山水系列之二十一　89cm×24cm　纸本设色　2019

(上图)别样山水系列之二十二　34.5cm×69cm　纸本设色　2018
(下图)别样山水系列之二十三　35cm×70cm　纸本设色　2019

隐居山林 46.5cm×70cm 纸本设色 2019

山涧寻道　46.5cm×70cm　纸本设色　2019

满目秋江澄如镜　70cm×24cm　纸本设色　2019

别样山水系列之二十四　114cm×34cm　纸本设色　2018

别样山水系列之二十五　34.5cm×69cm　纸本设色　2018

水际柴门一半开　48cm×96cm　纸本设色　2021

与师友合影

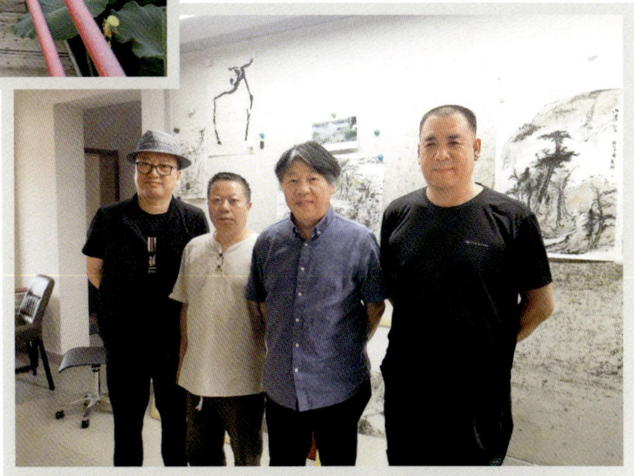

沉浑云开

近30年以来，在黄宾虹艺术热的温暖下，中国画家，尤其是中青年画家们对他的尊崇和研究非常广泛、有能量，其中也包括青年画家吴可，在学画过程中，他先是从黄宾虹先生的山水画入手的。

黄宾虹先生的艺术价值，对当下中国艺术，尤其是中国画而言，当然是最值得研究的，但对于黄宾虹的艺术形式和艺术语言，也应该全方位去研究才对。他提出的『浑厚华滋』是中国画艺术审美中最难的要求，而黄宾虹先生自身的艺术之路，也非常丰富和复杂，尤其是他的山水画，早些年，他对中国绘画史有着全方位的研究，他对他之前的每一个时代，对每一个时代的画家代表作，都进行过研究和实践，直到他晚年的创作和研究，也是一以贯之，他对传统绘画中用笔用墨的理解，确实能够影响久远。——陈子游

萬事如意

吴可的焦墨山水画

文／陈子游（《中国艺术家年鉴》系列主编）

在近期编辑的《中国艺术家年鉴·吴可卷》中，见到吴可的绘画形式多样，有以淡墨为主，有淡彩，有浓彩，有形式构成，有焦墨、积墨、泼墨等手法，也有兼而有之的作品，他是在不同时间段里提供出别样的艺术风格，注重个人面貌的生成。这也说明了他的视野很宽阔，对绘画，对于中国画的材料有深刻的理解，尤其对中国山水画，无论是传统还是对当下的思考都非常深远。这也是当代中国艺术家们共同的一些课题。在他诸多的作品分类中，看得出他的焦墨山水非常独特，形式构成颇有创意，笔墨上也有表现力。他说，早些时候，他也是对黄宾虹的山水画深爱有加。所以，才能画出那些纯墨相的作品来。

关于黄宾虹先生，我想，近30年以来，在黄宾虹艺术热的温暖下，中国画家，尤其是中青年画家们对他的尊崇和研究非常广泛、有能量，其中也包括青年画家吴可，在学画过程中，他先是从黄宾虹先生的山水画入手的。

黄宾虹先生的艺术价值，对当下中国艺术，尤其是中国画而言，当然是最值得研究的，但对于黄宾虹的艺术形式和艺术语言，也应该全方位地去研究才对。

焦墨山水系列之一　31cm×67.5cm　纸本水墨　2018

画室一角

画室一角

他提出的"浑厚华滋"是中国画艺术审美中最难的要求，而黄宾虹先生自身的艺术之路，也非常丰富和复杂，尤其是他的山水画，早些年，他对中国绘画史有着全方位的研究，他对他之前的每一个时代，对每一个时代的画家代表作，都进行过研究和实践，直到他晚年的创作和研究，也是一以贯之，他对传统绘画中用笔用墨的理解，确实能够影响久远。

我们再来观察一下黄宾虹之前的诸多画家们，那些对用笔用墨都有独到见解的画家，他们的价值在何处呢？按照当年董其昌的分类形成的"南北宗"研究路径，北宗以山势结构取胜，南宗墨韵诗意为高，各有价值，至黄宾虹先生时代，二者兼融成形，力量无比，文脉接续，又达高点。南宗趋于文雅气质，比如早期的王维、董源、巨然，又出苏东坡、米芾、米友仁，以及南宋四家和赵氏一门，再出元四家、明四家、清代六家，再传金陵画派、海上画派，都有不少用笔用墨的高手，颇有建树的画家。其中用焦墨者出新安画派程邃、查士标和金陵画派龚贤等，传到近现代黄宾虹融笔法与积墨法，最显得高明。

由此想来，画家吴可早年入手就学习黄宾虹先生画法，用笔用墨上，呈现独到的趣味，在形式结构当中，也有一股子气势，追求雄浑，把握墨分五色，在形式空间里达到一种美的享受。比如，从其作品中可以理解其中的一些路径：《青山远烟图》的图式趋于满纸云烟状，远山和近景同在一个平面上显现，只是有高山流水声从画面里传出，仿佛让观者可以身临其境。这里的构图，在古代的中国画里，只有像王蒙、沈周、髡残等少数画家善用此道，密密麻麻，满纸烟云，在层层叠叠相融的笔墨积染和勾勒所形成的节奏里凸显沉雄的气质。青山远烟里的房舍、树木、瀑布以及山色已经通过笔墨融为一体，不能分开，这使整幅作品显得以墨之浓淡、墨之深邃，别开生机也。这类相似的作品还有《秋水烟阴图》《深浪野流清》《秋雨一钓徒》《林深经曲寻山客》《溪山无尽图》《乱峰寒影野流清》等，这些气格浑然天成，作品的尺幅也不小，山水画的意境品相自然万象，似云霞造化，似山林幽静，似叠翠烟雨，仿佛是桃源之地，美不胜收。

吴可的其他画作中，还有更早一些的纯笔墨的山水画，如《悠然山居》，其浓墨写得，积墨成形，有一股气势扑面而来。这里的深秋有晚霞之象、幽蒙之意，虽山居小景，却变得浑朴高妙，一气呵成，突现非常味道，耐人寻思，那些树木的摇曳之感，颇具特色，房舍点缀之间与云朵留白处，是整个画面的看点。当然，还有那些如《云鹤苍翠》《空山如幻》等作品，都是用笔墨线条搭错而成的，画面里山形结构凸显平面视野，如《问道》系列，简直趋于妄想山水，山水图式类似版画构成，又以纯粹之绘画语言作个人表达，看上去也是由山峰、云海、溪水、桥宇、楼台等组成的线与面、墨与白的穿插，节奏感很强。

还有一类，如《香云遍山人自闲》《烟雨深处有人家》等，作品的特点在于结构上的丰满和笔墨上的虚淡，造就画面气息趋同于松脱、随性、自然的效果，加之以勾勒山岭、树木之间的那份沉着，韵致有度而成的品相，看上去很是舒服，远景在高处有留白，显得精妙，山川瀑布云水鲜活，却又能让画面沉静。

我想，每个时代的画家，他所选择的路径，也是随着个人对中国艺术的深入而进行选择上的调整。近期，吴可也是有了不少形式上的调整，使得山水画和花鸟更有生机。他多数是感受到近百年以来山水画的演变过程，加之自我水土中蕴含的习性，开始关注海上画派画家们用色用墨的特征，来充实自我色调的吻合度，改变中寻找可行的绘画方式，既可以视为一种创想和实践上的体悟，又可以视为对海上画派源头艺术特质传承的方法，或许这些也只是现阶段必须要去完成的一个过程。而之前吴可对山水画中用笔用墨的注重，也将会深深蕴含其中，尤其对焦墨山水画的那些形式探索，那些精美的构图和趣味，是一种绝好的积累。

喜欢，当然是代表着自我对艺术的一种释然，对于时代的感受，对个体艺术家创作作品的敏感。关注画家吴可的艺术履历，在其中也发现了他对焦墨山水画作品创作的独到之处，也特别契合了我对当代中国山水画品格上的一种理解：体验是一种视角，更是一种缘分，也是一种提升自我的必由路径。

艺术的形式多种多样，这才是艺术本来的面貌和源泉。

中国山水画中的焦墨山水和意境营造，自然会不断地生成和助力新一代艺术家创作的灵感，这或许正是从事中国画艺术创作的一种能量所在。

读画如读人，一切都是天意。

2023年9月3日下午于北塘

溪山无尽图 180cm×96cm 纸本水墨 2015

乱峰寒影野流清　242cm×125cm　纸本水墨　2015

焦墨山水系列之二　26.5cm×69.5cm　纸本设色　2018

活出真味

文 / 钟涧（作家）

一个好的艺术家往往是一个执着的人，全身沉浸在艺术的世界里，不谙世事，耐住寂寞，潜心求道，这些人大抵是出世的人。

一个幸福的人肯定是热爱生活的人，他们关心柴米油盐，关注人情冷暖，关爱亲朋好友，他们妥善安排好自己的生活，就算不能锦衣玉食，基本上也能活得滋润。这些人大抵是入世的人，在滚滚红尘中享受世俗的快乐。

出世还是入世，正如哈姆雷特的犹豫，对很多人而言，是一个难以抉择的问题，就艺术家而言，更难。

出世，往往会丧失人间烟火，难以享受普通人的幸福；入世，基本上会被庸俗化，从而逐步流失创作应有的灵感、敏锐和激情。人间无奈，概莫如此。

我认识吴可，已经三十多年了。那时，我们刚参加工作，正值青春勃发。因为都还在当教师，就在暑假期间，一帮人冒着三十五六摄氏度的酷暑，在乡下小学的水泥篮球场上踢足球。那种激情，现在想来，匪夷所思。一场球下来，吴可给我的最初印象是：为人热情，球风灵动。

后来，我们各自为生活奔波，尽管同在邮票一样大小的家乡，虽有音讯，但未谋面。

重新接触应该是十年以后的事了，吴可的老师石禅想办一个规格高一点的画展，吴可拉着我一起张罗。我们一起到上海美术馆找李磊，李馆长在原为旧上海跑马场的英式风格建筑里欣然允诺，可惜因种种原因，计划搁浅。

我和吴可的交往自然而然多了起来，我们一起到景德镇画瓷器，一起陪黄阿忠老师下棋至午夜，一起和一帮同学在老树咖啡吹牛，回忆少年情事。我们还一起回到那个乡下小学踢球，各自拉起一支球队，结阵厮杀。那时，我们的生活

秋雨一钓徒　150cm×96cm　纸本设色　2015

秋水烟阴图 150cm×96cm 纸本设色 2015

山水系列之二十七　29.5cm×68cm　纸本水墨　2018

慢慢稳定，少了很多对未来的迷茫，而青春犹在，意气方遒，确实是一段活力四射的快乐时光。

但坦率地说，尽管那时候我就十分认可吴可的为人，欣赏他的豪爽仗义，但对他的画技，不可避免地存在着习惯性思维，以为他的作品只是沿袭石禅的画风，有些灵气，好像不是特别出彩。

现在回过头来看，当时吴可也确实处在他创作的第一个时期，我称之为“文人花鸟时期”，主要创作以花鸟虫草为主的文人鉴赏画，布局精巧，笔触细致，追求意趣。

直到吴可的画作受到一些藏家的追捧和画廊的青睐，特别是受到艺术评论家李小山老师的激赏，我才倏然开始认识到吴可作品的价值，自己是明显的“灯下黑”，有些木知木觉了。

重新审视、体味吴可的作品，果然发觉他在长时间的闭门修炼中，不知不觉地完成了对老师的追赶，他的作品开始显示自己的追求，题材逐步扩延，构图渐趋多样，笔力更加雄健。

真正使我惊艳的是吴可创作的第二个时期，我称之为“焦墨山水时期”。那时，他在蛰伏一段时间后，拉我到他的东方庭院的画室，一上楼，我就看到雪白的墙壁上挂着的长幅山水，似乎是一大块的泼墨，整个画面几乎被墨色铺满，只余少许的空白，有一种“黑云压城城欲摧”的感觉。仔细看去，山石峻朗，屋宇井然，树木茂盛，几乎密不透风的墨色浓淡相宜，遒劲有力的笔触，粗细有致，真是大气沛然，意象万千，整幅画有一种“笔法焦枯、画意灵润”的奇特效果。

我错愕于吴可的画风突变，吴可说他“闭关”两个多月，遍习古今名家，仔细揣摩，正在潜心思考新的画风。果然，我看到他的画桌边上，乱七八糟地堆着一大叠古籍画册。

我这才发现吴可身上其实一直葆有艺术家常有的“入世”的一面，他苦心问道，孤诣求变，常常会沉浸到自己的艺术世界中，不问世事，畅游长河。

出世或者入世，平常人不由自主地只有一种选择，但吴可却可以做到自由切换。日常生活中，他经常呼朋唤友，当歌对酒，但在创作的重要时期，他孜孜不倦地钻研，抛开一切俗事，执迷不悔。

一个出世的艺术家或许能活得仙风道骨、不食人间烟火，但往往更多的是生活窘迫、一贫如洗，譬如凡·高；一个入世的艺术家或许会声名显赫，但往往虎头蛇尾，很难达到艺术的巅峰，此类人，不胜枚举；要真正做到既能出世又能入世，很难，张大千或许算一个。

2017年，吴可应邀将赴英法举办个人展，在准备作品期间，他又开始思考新的转变。一次和他聊天，我建议他大胆使用色块，因为欧美观众对色彩比较敏感，入乡随俗，可以用线条和色块的有机组合引起国际友人对中国画的关注。

我以为，当代中国画要创新，要走向国际，必须在保持优秀传统的同时，更多地借鉴西方美术的精髓。正如林风眠、吴冠中在油画创作中引入了中国画的意象和笔法，当代中国画应该学习西方油画的技法、构图和对色彩的运用，走出一条中西融合的新路来。

吴可非常赞同我的观点，笑言“狗熊所见略同”。

吴可开始了他创作的第三个时期，我称之为“多彩水墨时期”。他尝试“增

迷踪　28cm×100cm　纸本设色　2015

深浪野流清　150cm×96cm　纸本水墨　2015

青山远烟图 132cm×97cm 纸本水墨 2015

彩减色”，“增彩”就是增加色彩种类，除了传统的青绿等色彩以外，他更多地运用赭黄、暗红、浅蓝、淡紫等各种颜色，并大胆地对各种色块自由组合，使画面更丰富；“减色”就是减少色泽，调低色彩的饱和度，努力使多种色彩与水墨相匹配，暗合莫兰迪色的效果，使整体画面更加和谐、更加雅致。

果然，吴可的“丹青的诗意”在法国巴黎工业宫展出，引起了左岸的一片骚动，“别样山水”在伦敦艺术大学人头攒动，赢得了许多国际藏家的关注。某种程度上说，吴可的尝试使中国画更具观赏性。

也是在这年年底，吴可跟我提起想利用练塘一个村里的废旧厂房建一个美术馆，我给他泼冷水：“美术馆建起来容易，真正运行起来会相当艰难，你每年都会贴好多钱。”吴可的回答有些轻描淡写：“尽量少亏一点吧。”我看他执意要搞，心中暗想：这就是艺术家所谓的情怀吧。

我们讨论良久，意见一致的是对这个美术馆的定位——中国最美乡村美术馆。我曾经在云南保山一个叫和顺的小村庄——哲学家艾思奇的故乡——参观过一个乡村图书馆，环境幽静，古

青山行远　41cm×27cm　金笺水墨　2020

（右图）水云居图　141cm×32cm　纸本设色　2015

（左图）乱峰寒影深山处　141cm×35cm　纸本水墨　2015

色古香，确实可以号称“中国最美乡村图书馆”。现在在陈云的故乡，打造一个与之媲美的美术馆，确实是一件有意思的事。

吴可说干就干，亲力亲为，很快就改造完成了一座具有江南美学风格的专业美术馆，在千年古镇一侧，在淀浦河畔，在一片稻田的围绕之中，“可·美术馆”闪亮登场。

美术馆邀请了李小山老师担任艺术总监，先后举办了“中国表达——当代艺术展”“平行·上海——国际当代艺术邀请展”等多个重量级的展览，受到业内人士的普遍关注，美术馆也很快成为上海的一个美学地标，成为网红打卡地。唯一让人遗憾的是，它确实每年亏损。

吴可的第四个创作时期是怎样的？我很难妄加猜测。

我一直以为，真正好的艺术无非是有“真趣厚味”。“真趣”是中国画一直追求的，讲究灵动，注重意趣，比如吴道子的人物、韩滉的牛、齐白石的虾等，当然也有山水画，比如范宽的《溪山行旅图》、夏圭的《溪山清远图》等。西方油画中，也有此种追求的，比如中期有德加的《舞女》、莫奈的《睡莲》，后期有康定斯基的抽象画、米罗的童拙、夏加尔的梦幻色彩。“厚味”更多是在描绘历史事件的场景中体现的，需要的是画家思想的积淀，这在西方油画

山水系列之二十八　46cm×40.5cm　纸本设色　2018

中是比较普遍的，比如早期有达·芬奇的《最后的晚餐》，中期有籍里柯的《梅杜萨之筏》，现代有毕加索的《格尔尼卡》。

“厚味”却是中国画最难表现的，中国画审美取向基本上都偏于文人的闲情雅趣，讲求写意，寻求虚处的妙味，不耐写实，突出意境的渲染，不屑场景的铺陈，往往使中国画流于“轻”，很难画出“厚重”的意味来，所以，中国画很少有振聋发聩的思想性作品。当然，中国画也有描绘场景的作品，比如顾闳中的《韩熙载夜宴图》，展现的是一个官员日常生活的场景，据说是一张间谍图，只能给后世的历史学家、民俗学家提供一些古代生活的细节而已，很难看得

焦墨山水系列之三　63cm×85cm　纸本水墨　2018

出思想的积淀和震荡。还有李昭道的《明皇幸蜀图》，是记录了历史事件，但不是具体的场景，本质上还是一幅山水画，可能也只是命题作文，自然也无法罔谈思想了。

相比中国的诗歌，“真趣厚味”齐备得多。既有李白的潇洒飘逸，也有杜甫的厚重沉郁。中国画有太多的山水花鸟，却似乎没有留下一幅类似《卖炭翁》这种类型的感人画作。或许《饥民图》算一幅，但它只是直观地反映底层生活的状况，很难说有多少艺术感染力。

吴可的画已经达到了一定的高度，他的技法已经成熟，或许应该寻求题材上的突破了，如果能扭转中国画题材相对狭隘的不足，画出“厚味”来，那将会把中国画带入一个崭新的境界，带入一片更加广阔的天地。

我的建议是，可以先尝试画《禅让天下》《高山流水》《兴尽而归》《程门立雪》等靠近中国画原有轨道的题材，再慢慢探索《易水送别》《血荐轩辕》等这些中国画更难表现的画法。

这两年，经历了疫情，我们对世界的认识更加清醒，对生活的追求更加通达。卡塔尔世界杯前的一次酒后，我们互相撺掇着18年后重新踢球，于是，趁热打铁，一帮“50+”的朋友重返球场，“老夫聊发少年狂”，吴可司职前锋，动如脱兔，一路“凌波微步”，灵动的球风一如当年初见时的那个少年。

人生不过百年，活出真的滋味，活出自在、活出趣味、活出从容才是生活和艺术的终极指向吧。

（右图）山涧水流 141cm×35cm 纸本水墨 2015

（左图）溪山高隐 141cm×34cm 纸本水墨 2015

烟雨深处有人家 138cm×68cm 纸本水墨 2014

香云遍山人自闲 138cm×68cm 纸本设色 2014

问道系列之一　49cm×74cm　纸本水墨　2017

问道系列之二　49cm×74cm　纸本水墨　2017

问道系列之三　49cm×74cm　纸本水墨　2017

（左图）焦墨山水系列之四　50cm×35cm　纸本水墨　2018
（右图）焦墨山水系列之五　50cm×17.5cm　纸本水墨　2018

问道系列之四、之五　49cm×74cm×2　纸本水墨　2017

深山云霭 173cm×24cm 纸本水墨 2016

深山云霭（局部）

山水系列之二十九　34cm×56cm　纸本水墨　2018

问道系列之六　49cm×74cm　纸本水墨　2017

焦墨山水系列之六　50cm×36cm　纸本水墨　2018

雨洗秋山溪更净　173cm×34cm×3　纸本水墨　2014

山水系列之三十 115cm×31cm×4 纸本水墨 2019

己亥大暑吴可亭

閑得心源向幽澗
己亥暑吴可亭

山水系列之三十一　28cm×50cm　纸本水墨　2019

山水系列之三十二　28cm×50cm　纸本水墨　2019

焦墨山水系列之七　56cm×186cm　纸本水墨　2018

（右图）一天秋色 141cm×35cm 纸本设色 2014

（左图）清秋访友图 141cm×35cm 纸本设色 2015

孤舟依岸人自闲 138cm×68cm 纸本设色 2014

（右图）云峰苔壁绕溪斜　141cm×35cm　纸本设色　2014

（左图）访友图　141cm×35cm　纸本设色　2014

（右图）渔舟逐水惊幽山　141cm×35cm　纸本水墨　2014

（左图）雨洗秋山净　141cm×35cm　纸本设色　2014

湖边赏秋水　35cm×141cm　纸本设色　2014

闲人倚舟把书读　35cm×141cm　纸本设色　2014

与师友合影

Emirates
FLY BETTER

可·美術館
Ke

点数花鸟

吴可曾言：『山水画的创作，并非具体山水之表现，而是寄身于山水之体验。古人所谓「画不过意思而已」大概就是这个意思吧。』意思既出，点到为止。手稿中不乏吴可较少示人的花鸟、人物小稿，画面虽小，却大气洒脱。如《随写小册》里，花枝多以渴笔中锋写就，淡墨出叶，鸟儿憨态可掬，鱼儿灵动有型，枯湿浓淡相得益彰，一派生拙之气。如画蜡梅的吴可，不禁落笔：『蜡梅花落尽，长出嫩叶，有果实出现也是我平生对蜡梅的最新认识，真乃世上万物之妙。要学习的东西太多了。』生动鲜活，富有人间情味。——陈元幸子

理想之境

——读吴可手稿里的日常功量

文 / 陈元幸子（湖南美术馆青年策展人）

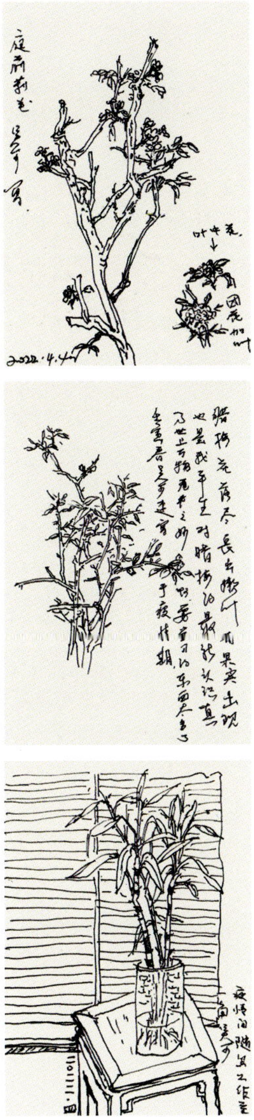

速写　14cm×10cm×3　纸本水性笔　2022

画家是不易懂的，探寻一个画家的精神世界，却是快乐的。当我们透过画纸翻阅画家的心路时，或许沉重，然其中的徘徊与痛苦、畅快与喜悦，都会在精神相通的瞬间雪融冰消，那份快乐是难言的。我第一次如此大量地接触关于画家吴可的作品资料，系列有序，题材丰富，样貌俱到，尤其让我欢喜的是那些被他认定是涂鸦、小稿、草稿的随笔，犹如偶尔可闻的鸣虫之曲，给人惊喜，让人动容。

人生起伏，岁月流逝，唯有艺术将抵达永恒。如今，常人多看重煞费苦心般的“大创作”，创新、突破、标榜自我，好像那才是艺术家留名千古的关键，却往往忽视了日常的功量。滴水穿石之功，绝非某一次的猛力造就，而是日复一日的心力注入方可渐入佳境。有了热情与执着，才能在艺术上获得更深刻的生长性，进而找到真正意义上的自我，追求更为高尚的状态。吴可的手稿，大可分为“写生”与“临古”两类。这里的写生，是画家置身于天地间，感悟、体验自然所得之作，它是短暂的，是不完整的，也是随性的、有意味的。而临古，则是面对古人之结晶，发出自我之理解与唱和。山水仍旧是吴可手稿里的主角，枯木顽石、亭台水榭、山野渔樵别样勾勒，或焦墨皴擦，或色彩填补，或水墨相融，呈现的都是吴可心中的理想山水，那是离我们远去的一份美好。这种随时随地、即时生发的念，根植于吴可心中，随手而出的线条与块面，是训练，也是体悟。不要小看中国画家对同一事物的来回描绘，从大了说，一座山、一叶舟可以承宇宙之重，传宇宙之真，故表达不在身，而在心。吴可曾言：“山水画的创作，并非具体山水之表现，而是寄身于山水之体验。古人所谓‘画不过意思而已’大概就是这个意思吧。”意思既出，点到为止。手稿中不乏吴可较少示人的花鸟、人物小稿，画面虽小，却大气洒脱。如《随写小册》里，花枝多以渴笔中锋写就，淡墨出叶，鸟儿憨

玉兰系列之一 70cm×48cm 纸本设色 2018

态可掬，鱼儿灵动有型，枯湿浓淡相得益彰，一派生拙之气。如画蜡梅的吴可，不禁落笔："蜡梅花落尽，长出嫩叶，有果实出现也是我平生对蜡梅的最新认识，真乃世上万物之妙。要学习的东西太多了。"生动鲜活，富有人间情味。

余以为，用笔积累传统图式，是用心感悟传统精神的重要途径。只有经历传统的深刻浸润，方有谈论传统的资本，成一家之貌。换句话说，只有深谙古人走过的路，才知古人的深浅，识深浅，方可谈超越。所谓"由技入道"，有灵性的中国画家几乎都是通过既定图式的反复来取真经的，此应为大道。这里的传统是一种艺术精神的指向，古典程式是载体，入道的过程不仅指技巧层面，更重要的是超越外在表象的深层认识。虽说艺术本无新旧之分，只关乎你是否遵循本心，真诚流露而已，但对于画中国画的人而言，一颗敬畏传统、积淀深厚的本心才能滋养出灿烂的艺术，而在此基础上所表达的、鲜活的个体生命感受，才契合传统艺术的精神所指。

画自己心中的画，是吴可的理想。然而理想的实现，并非易事，需要长时间的文火慢炖，方能溢出芬芳。画家的每一念、每一笔都是刻痕的累积。随着年岁的加叠，生命精神不断锤炼与中和，心与山水相融，精神与艺术和鸣，终能登上理想之巅。随心而行，日常见真知。笔耕不辍，功夫得大道。与画家吴可共勉。

2023年10月5日于长沙

玉兰系列之二、之三 70cm×70cm×2 纸本设色 2018

但有一枝堪比玉　45cm×35cm　纸本设色　2022

无限春光真正好　68cm×46cm　纸本设色　2023

花鸟　70cm×38cm　纸本设色　2016

婀娜枝香拂酒壶　69cm×46cm　纸本设色　2022

玉兰系列之四 70cm×31.5cm 纸本设色 2018

满案清气有余香　68.5cm×34cm　纸本设色　2023

(上图)荷花系列之一　33cm×66cm　纸本设色　2021
(下图)雪魄冰姿　33cm×66cm　纸本设色　2021

（上图）花开白玉　33cm×66cm　纸本设色　2021
（下图）与梅并作　33cm×66cm　纸本设色　2022

荷花系列之二、之三　33cm×66cm×2　纸本设色　2021

欲写幽香无处着　105cm×28cm　纸本设色　2019

玉兰石榴　90cm×28cm×4　纸本设色　2023

玉兰系列之五　50cm×53cm　纸本设色　2021

香风留美人　89cm×48cm　纸本设色　2021

石榴　69cm×46cm　纸本设色　2021

（左图）嫩叶生初成　残花少更鲜　69cm×45cm　纸本设色　2020
（右图）红英绿叶随风发　70cm×48cm　纸本设色　2020

荷花系列之四　178cm×48cm　纸本设色　2015

荷花系列之五 178cm×48cm 纸本设色 2015

与师友合影

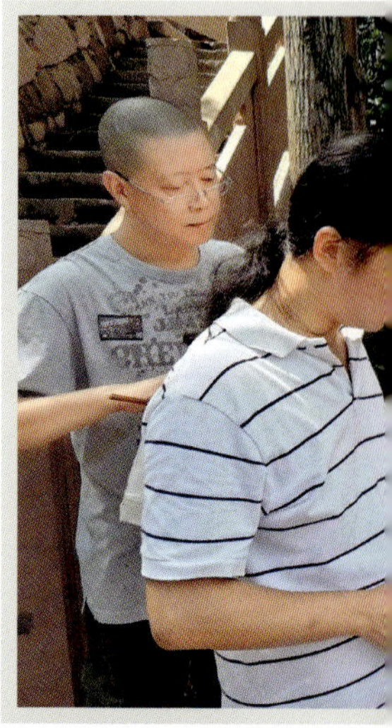

云山写真

结伴画家吴可，为《中国艺术家年鉴·吴可卷》用稿，在桂林八日，生机勃勃，收获满满，也当是一次陶冶，一种放逐，在逍遥中写真求意，在山水间放浪形骸，游弋于云水、山峦、奇境。一觉如梦境，相随天地间。那丘壑水云、烟雨江岸、竹林婆娑、村舍桥宇皆如幻，游也好，浪也罢，匆匆而过，记录体验里，游来漫不经心，品味的是民俗、民居、小景、溪泉。日行百里也不累，空气清新，走马观花可上心，乾坤自然，可写稿入纸，一帧一画，全然尽收。其间访得碑林摩崖书法造像，造访几间画室吃酒品茶，可谓『桂林山水甲天下』，芦笛景色出名家，写来乡野江上鱼，一图一绘真自如。——陈子游

桂林写生记

文 / 陈子游（《中国艺术家年鉴》系列主编）

引子

此记为专题。结伴画家吴可，为《中国艺术家年鉴·吴可卷》用稿，在桂林八日，生机勃勃，收获满满，也当是一次陶冶，一种放逐，在逍遥中写真求意，在山水间放浪形骸，游弋于云水、山峦、奇境。一觉如梦境，相随天地间。那丘壑水云、烟雨江岸、竹林婆娑、村舍桥宇皆如幻，游也好，浪也罢，匆匆而过，记录体验里，游来漫不经心，品味的是民俗、民居、小景、溪泉。日行百里也不累，空气清新，走马观花可上心，乾坤自然，可写稿入纸，一帧一画，全然尽收。其间访得碑林摩崖书法造像，造访几间画室吃酒品茶，可谓“桂林山水甲天下”，芦笛景色出名家，写来乡野江上鱼，一图一绘真自如。

10月8日

近中午，子游从长沙出发，乘高铁4小时到达桂林北站。画友兆一（曾友军）与学生陈颖君来接站，入住芦笛岩景区和舍度假酒店，一切顺利。稍晚，画家吴可与同伴朱根元从上海转江西上饶自驾汽车千余里来桂林，也于18点

桂林写生影像

桂林写生影像

平安到达。

晚餐由我同学陈立红安排，聚餐于鲁家村，同席有兆一、陈颖君、杨梅、李佳钖、范江澜、骆亚男、张君英、嫣嫣等，彼此欢喜，情意浓郁而愉快。餐后，一行人散步回到和舍，落坐茶台，其间又遇段海峰、陈施淼，定下明日晚餐地。初来乍到，一切客随主便。

10月9日

早餐后，与吴可、朱根元、兆一、陈颖君一起徒步至芦笛岩景区，途中遇小雨，登上半山亭，稍息片刻，观景色如幻，远处山峦层层叠叠，在亭中歇息，写稿闲聊，感觉此处风景如画，开阔而颇有桂林地貌特色，印象极深。半小时后下山，途中见岩壁多有刻字，“芳莲阁”有联句“前后临水亭别有韵味，天地满目青望君止步”，很映此景。难怪许多名画家来此地写生收获颇多，水岸边，尚见有绿植，这绿植与家中绿植同品类，但惊讶此植物之规模超乎想象，枝叶繁茂粗壮可入画，可画大画，吴可对此景略有感悟，感叹自然之奇妙令人难以估量。旁边水岸有一处建筑，据说是当年梁思成先生设计的，手法很简洁，结构很美，存留于今不容易，如今已被闲置，未能尽其所用，其美感被掩盖，甚为可惜。石壁上还读到周建人所题“桂林山水甲天下，画家朱墨添新辉”的刻字。另又见1963年黄云先生题字，小字不易识别。此地有意思，可谓：“登芦笛岩，远望目极之所，得见桂林半个城池，水岸悠然，峰叠群立，秀雅于山色，相拥人间烟火中，绕一圈更精彩，突兀中，烦恼忘却，心情大好，恰如神仙于凡间，乘兴而来满兴而归啊！”又遇小雨，淅淅沥沥，诗画有格，又踏步乡村，逍遥意远也。

入住的酒店在芦笛岩景区内，属芦笛三村，入村时见到一块广告牌，上

桂林写生系列之一、之二　34.5cm×47.5cm×2　纸本设色　2022

桂林写生系列之三 47.5cm×34.5cm 纸本水墨 2022

有“来到桂林城，必来芦笛岩”金句。入村寨，踏步环绕在碧宸农业生态旅游园边，小溪环绕，略见荒迹，时有农家菜地，乡野风貌十足，西岸边杂草丛生，可见远山不远，彼此错落，得意画境，具情调，朴素又开阔。这乡野之景，让我思湘情绪升起，如境湘西，多有相近处，好是熟悉。稍后，到达桃花江畔，有逍遥阁立于半山中，与鲁家村不远，有广告牌称此逍遥阁是“鲁家村的一个旅游亮点”“大美桂林，逍遥秀峰”。此地属秀峰区大景区，格局中含桃花湾旅游度假区。桃花湾旅游度假区，其中鲁家村是示范点，入村口处，有一棵三角梅怒放在季，喜气扑来。鲁家村，当地人也叫豆腐村，水好，豆腐远近有名，是特色菜。我们一行，从早出门散步两小时，此刻走入鲁家村，见有一家豆腐坊，便坐下，一起品尝豆花，别有滋味。吴可自知血糖高，不敢用糖，改放辣椒，味儿不错，大伙一并改了口味，爽劲，让人记忆犹新。

正午时刻，骆亚男代表好友周松，约好中午在鲁家村聚餐，上了饭店二楼，见餐桌窗外秋意正浓，树中花红盛放，有绿叶相衬，宛如抽象绘画，还见到餐厅内有许多红辣椒摆在餐桌上，极红，富有画感，拍了几张照，同时，品尝佳肴，得神形兼备，满心欢喜。

餐后，又漫步回酒店休息。午后，颖君驾车，一同拜谒梁漱溟先生墓，心存感念，敬仰梁先生学问、脾性，以及真诚、骨气硬朗之大学者风范。乃吾辈后学之楷模，其生平有曰：

> 一八九三年生于北京，卒于一九八八年。先生是享誉国内外的学者，是著名的思想家、教育家、社会改造运动者，著名爱国民主人士。二十年代初，执教北京大学时，著《东西文化及其哲学》，在全盘否定传统文化的浪潮中，独倡世界文化发展是多元的论点，肯定中国传统文化对人类生活自有其永恒价值，从而被认为是现代新儒学的开山人。三十年代，为谋求中国自救之道，

桂林写生影像

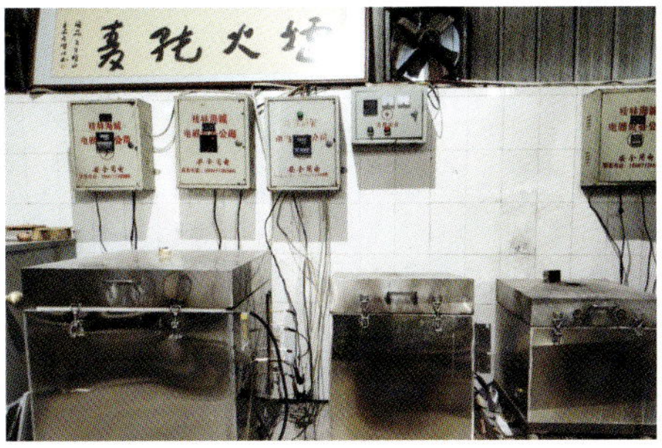
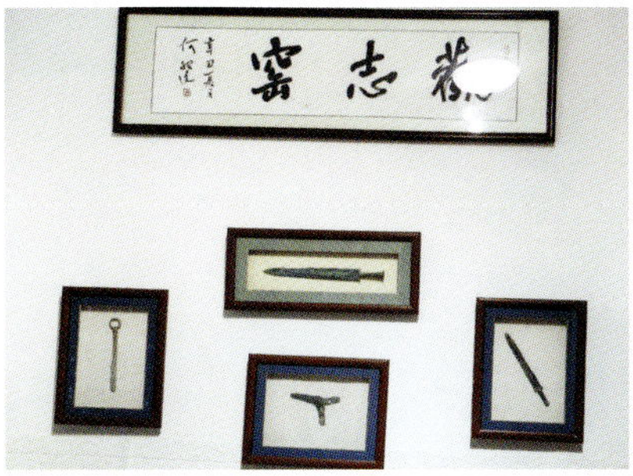

投身农村，从事乡村建设运动。抗日战争中，为一致对敌，奔走国共合作，创建中国民主同盟，谋求团结抗日与统一建国。

新中国成立后，历任第一至第四届全国政协委员，第五、六、七届全国政协常委。一九八〇年起，相继任中华人民共和国宪法修改委员会委员、中国孔子研究会顾问、中国文化书院院务委员会主席等职。

先生著述甚丰，已出版《梁漱溟全集》共八卷。

先生祖籍桂林。抗战期间曾卜居于漓江畔之穿山三年。今将骨灰安放于此，于是先生又得以回故土长眠。

桂林市梁漱溟研究会

一九九八年十月立

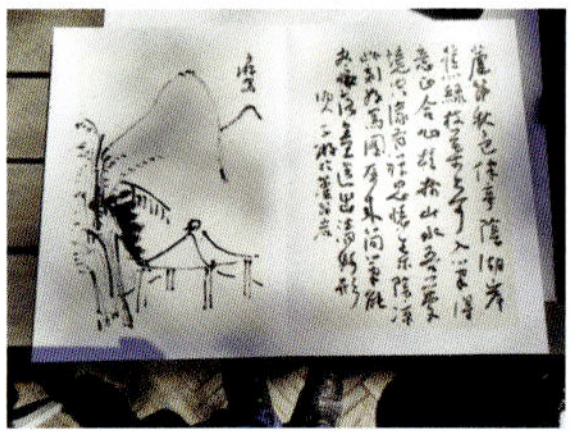

桂林写生影像

功德无量，桂林有福。

此处，穿山有景，距漓江数十米，晚霞高照，景色迷人，时用手机拍得美照数帧，稍后又随车造访“观志窑”，主人陈施淼，昨日得见，今客气招呼一群友亲，好不热闹，近17点，陆续到达，赏陶器工坊，品茶聊天，晚间把酒言欢，美感与匠心相融。此夜遇见画家党持纲（纲子），陶品造化天工，气氛了得，陈施淼送每人茶杯一件，刚来桂林一天，惊喜不断。菜品由段海峰打理，湘菜本色，感观美妙之乐。稍晚，各自离开，入睡前记下此行。

10月10日

清晨，找到一处离驻地不远可吃桂林特色米粉的店“老姨妈米粉店”，其餐品风味可口，点餐要排很长的队。餐堂的墙壁上见到介绍桂林米粉的广告牌，介绍说，作为桂林特色名小吃，桂林米粉以其独特的风味远近闻名，其特点是洁白细嫩，软滑爽口，其吃法多样，最讲究卤水的制作工艺，等等。往日也习惯吃桂林米粉，在桂林以外吃，还是不如本土味儿正。

稍后，回和舍，吴可与我开始写生，上午写得数稿，其中还题有诗："芦笛秋色伴亭阴，湖岸蕉绿枝叶奇。入笔得意正合心，空蒙有样思怀素。阴凉此刻好写图，原来简笔能尽兴，落笔造出清妙形。"虽有兴，风渐起，一小时后，实在抵不住，进入和舍茶台喝茶，相伴"四人画展"不亦乐乎！

其实，刚到那一天，便知道有"境象——四人画展"。早餐后回和舍，多匆忙，无暇顾及其作品布置，今有风，写生受阻，便安心品茶，与画展亲近。此展布置得体，茶台、走廊、书吧、餐厅，2层空间，这些不同味道的画作，映衬出酒店的气格，而作者的每一幅作品，都是独一无二的心迹。艺术家刘瑞森、韦明思、韩克伟、覃泽佳均为广西籍艺术家，他们的佳作为这个有风的上午，平添了一束心灵之光。在室外的风不断加强时，可以安坐在茶台边，继续享受，这美好的桂林之旅。

午间，往鲁家村用餐，顺利。

下午在房间里整理画稿。

傍晚，与吴可、朱根元应邀出席段海峰家宴，遇友人张贤、纲子、陈立红。段海峰是湖南邵阳人，2019年与张君英结婚，如今是广州美术学院中国画专业在读研究生。擅长书法、山水、花鸟、厨艺。昨晚在"观志窑"已初显功夫，今晚，更是表达深情厚谊。吴可与陈立红、张君英互拜兄妹关系，皆大欢喜，此夜好热闹，朱根元、兆一为证，席间，纲子约好后天去他画室聚餐。

桂林写生影像

10月11日

清晨，出门写生，与吴可、朱根元、兆一、陈颖君一行游桂林中医药经济开发园区，写得数稿，此处有水面崖壁，对面山上有洞穴、亭阁。山脚下有两处古塔，新建的，与周围仿古建筑群相映，很突出，土木建筑与山水之间搭配，虽有些古意，却显粗糙，因为疫情，中医药经济园区人少，不算繁华。上午这里阳光斜照，周围清爽好画画，勾得几帧后，又驱车几公里处，是一处未开发的旅游地，有些荒野，属芦笛岩后山。围绕桃花江而立，平日里，兆一常来此地采风，小景幽静，此水岸边，建筑朴素，民风温和，写生时，多见有农用车过往，乡间道有古桥一座，立有碑记，叫“伍仙桥”，气息古朴。我们边走边画，很是轻松，往深处去，到达定江镇厄脚村，比有车路过的村庄不同，此地有山崖、桥梁、庙宇、民宅、竹林、水塘、江岸、滩头、小路，气息宁静，随处可画。老桥边有一红色房屋，属20世纪七八十年代所建，包浆感强，还有标语显示。村民见有外人来村，上前询问，知我们正派，陪着，又有小孩看我们画画，也很欣

桂林写生影像

桂林写生影像

喜，鼓励家长让他学点画画。这样的景，下次再来，恐怕又难得见了。此一行程，因兆一引路，感受桂林别样风景，诗意无限，让人流连忘返。

午间，和舍酒店李总邀来政商两界友人作陪，中餐两小时。

16点，与吴可、朱根元造访画家党持纲画室，随后有《子游派》为证，其文句有韵记得：“访友——桂林纲了·的画室”。

10月11日下午，我与来桂林写生的上海画家吴可、朱根元和桂林画友兆一一起去了纲子的画室。进门处，便见到挂有纲子工作室的招牌，是铁板镂空字做的工艺，而且有些年份了，这种历史感也许代表着纲子这个人的故事都隐藏在镂空字后面的空间里，我见到后是这么想的。

标牌的墙后便是画室的大空间，而墙体的背面是签名墙，我们按纲子的意思完成了签名，顺便还摆了几个姿势。其中，从墙面上也发现了许多桂林的名人和画界朋友们，如刘星、韦绍剑、阳山、陈立红、周松、伍小东、王斌、肖舜之、孙文科、秦晖、曾勇、陆丽娟，还有北京的一些朋友，易峰、武建军、尤德民等。签名墙上还挂了一块“龙凤呈祥”的四字匾，是他自己题写的字，气息很厚，又有点狂。下方有一块广西致公画院桂林书画创作中心的铜牌，在满墙签名中显得这个牌子很有分量，而签名墙成为纲子工作室的第一道风景线，顺着视角往里看，整个工作室气局非常开阔。据他自己说，空间有400多平方米的面积，在偌大的空间里，这样的布置非常有艺术氛围，也应该是桂林书画界绝无仅有的。此工作室是在一家科技公司大厦里某一层，平日里纲子出入时，需按指纹或密码进门，很安全。这里也给纲子在艺术创作上极大的热情和能量，让他在时间与自我孤独的空间里打开了审美的大门。启用这间画室之前，他在桂林市中心有一间不小的画室，虽然生活很方便，但平常日，大量的时间都被南来北往的友人占据，因他在桂林相熟的人太多，而且，只要是朋友们看见他画室有灯光，基本上不打招呼就要上楼找他，往往也无法拒绝，其实都没啥正经事儿，就是来闹的，情义无价嘛！陪酒陪烟到凌晨，这样的日子日复一日，月复一月，年复一年地过了好几年。纲子说他当时都快要疯了，我想，换成谁也吃不消。当然，那段时间里，纲子是有些困惑的，总想选择绘画本身为了什么。所以，三年前，为了自己追求艺术的感受，才有了今天这一个比较清静的环境，也为了能攒些画，才搬到这里。这里空间的布置非常有特色，从进门到最后里面的茶台以及中间部分，是通透宽敞的空间，也看到他这三年里写字画画的印记。这些印记，恰恰证明和体现出纲子的勤奋。那些一堆又一堆写废了的报纸和宣纸习作，放在一个角落里已堆成了山。画作旁边有展墙，中间区位是音乐播放区，据他介绍，许多时间里他一个人在画室，就靠音乐相伴，尤其喜欢听欧式音乐和世界流行的爵士音乐，这让纲子的画里，无形地带出了几分节奏来，可见音乐给予人的力量是无穷的。画室里的画案也很大，画墙上挂有日常的画稿，旁边还有一排大书架，架上有许多重要画册以及各类杂志，有了书，整个空间氛围立马高尚了起来，边上还配有许多放纸放墨放茶叶的架子，其间不少艺术摆件穿插在不同空间的连接处，仿佛是节奏和旋律的一种延伸，让空间也顿然有声，节奏之律充满着整个工作室，包括茶台上的摆件和用器，茶都是老茶。纲子说喜欢茶以后，他戒了烟，酒也少喝了，但今晚得陪一下我，我很感动，正所谓："酒逢知己千杯少，今晚一定要喝好！"

桂林写生影像

从交情上说，我与纲子并非故交，但是似乎如久识的老友一般，欣赏他在画室里的状态，在画画的状态里。我比较喜欢自在散漫地去表达心情，以独有的艺术语言来叙述更为精妙的心灵世界，由此，可以达到自由自在，包括思维上的深刻，以及以简括的方法呈现某种趣味特色，那种畅怀的心灵以纯粹的方式造型出不同的艺术品格来。我想，与纲子的交往，一定不是酒肉朋友，更像是一种心灵的契合以及对人生艺术得到了同频共振的那种，是可以享受的一种精神方位等。

那日，酒有点高，餐后又写了不少字留了下来，至24点回到和舍。

10月12日

早餐后，陈颖君开车引我们去独秀峰景区，杨梅做向导，入区很顺利。此处是桂林靖江王府所在地独秀峰，山高66米，气象雄伟，素有“南天一柱”之称，四围群山环绕，形成一幅天然的群山朝拜图，历代达官贵人、文人墨客皆以登上独秀峰为傲。

今日有幸，有杨梅陪伴，登至山，途中石壁有诸多刻字：“秀奇群峰”“第一山”“螺磴穿云”，在顶处，可览桂林全城，立有石笋，刻有“桂林第一峰”五个字，旁边是“玄武阁”，从前“玄武阁”为皇家禁地，历代靖江王在此祈求风调雨顺、王位永固、长命百岁之愿景，成为方圆千里诸法场之首。清朝及民国时期也只有极少数政客名流、文坛泰斗有幸登临。站在此处，确实风光这边独好，观周围山色，峦峰叠起，没有边际，城中建筑，以及漓江水岸相映于山峦，错落有致，若遇落雨时，烟雨之境美煞整个桂林城，再登此顶，仿佛仙境，四方皆为有大观也。此行，有感于世间绝胜之迹，难得相遇，便合影留念，一派欣喜。随后一同下山，再游靖江王府旧址，景区内除独秀峰里外，筑有端礼门、遵义门、广智门、体仁门，加上文昌阁、朝天门、凌霄阁观景台、财神殿等的平正布局，与北京恭王府制式相当。如今是景区，属旅游项目，由广西师范大学管理，其中承运殿、国学堂都是学院所用。恰巧，今日为广西师范大学校庆，辅路两旁，立有许多展牌，内容为广西革命历史图片展，信息多多。王府主体建筑之外，还有“读书台”和“摩崖石刻”，也成为一道风景。关于“读书台”多有故事相传，据考：南朝刘宋时期，著名文学家颜延之（当时与谢灵运齐

桂林写生影像

名)任始安郡(今桂林)太守时，常在岩洞内读书写诗，岩洞依山傍水，摩崖石刻甚多。这里是岭南文教的发源地，“读书台”岩壁上有“南天一柱”大字，很有气势(海州黄国材题)，“紫袍金带”四字(华亭张祥河书)，“仰之弥高”(台山陈征德题)，“鹿泉”(古闽陈向元题)，“峨峨郛邑间”(福州梁章钜书)，还有“独秀社”和“孔子像”，清晰可辨，旁置碑额，记有此画像来源：“大元至正五年，畏兀氏塔海帖木儿，喜童同安马，家奴答密失海牙，李京孙□□□，章道静江，阊唐兀氏祖师保各侍亲官，桂林宪帅司，来学于颜公书岩刻孔子像，朝夕瞻敬，永保无荒，临川黎载谨识。”说明造像的来历。对面新造一尊颜延之塑像，多为数控雕刻，石碑立文也然，极不相搭，有煞风景。旁边加上“桂林山水甲天下”诗句作者介绍，宋代王正功(1133—1203)，曾写下“桂林山水甲天下，玉碧罗青意可参”千古名句。再往北走，到“月牙池”，据记载“原有独秀泉，明初，因泉凿池，形如月牙”。池中曲栏水榭，池畔垂柳依依，为王府御园。月牙池与圣母、春涛、白龙并称桂林四大名池。池旁建有“仰止亭”可供人歇息，观池赏景。亭两侧有联句“石筑正宜邀月到，古人不见仰山高”，十分应景。踏步于此，正好赏池中禽鸭，戏水浪击，时聚时散，自在不惧人来，如神仙在野，无忧而乐，逍遥快活。有感于：“庄子观鱼，鱼之乐，鱼之思，安有不乐之乐矣。”

上午时间，在游玩中流失，时缓时快，不亦乐乎！午餐至王府城旁的“灌阳油茶店”，向导杨梅做东，一席甚欢。

午休后，随和舍李总造访友人的漓水庄园，幽静，朴素，有琴音好茶，有书香美食，纯属意外。其间相识韦主席和遇见桂林美术馆丽萍馆长，一切皆是缘分，感觉桂林有高人，有好景，有文化底蕴，又得开心半日，此情此景历历在目，又记。

10月13日

早餐后，与吴可、朱根元、兆一驾车往相公山景区，入景门时，停下写生，之后又有两次途中见景好暂停。这里奇峰突显，树木繁茂，果田交错，时隐时现，一步一景，均能写得佳稿，见有农家，便问及与相公山距离，说不远，约20分钟车程。相公山在漓江边，李可染的《雨中漓江》在此起得稿，顶上看漓江畔与对岸，视野开阔，漓江风貌尽收眼底，宛如在盆景中，可指点江山。此地也是诸多摄影家打卡之地，若遇下雨起雾，更是不可

南天一柱

仰之彌高

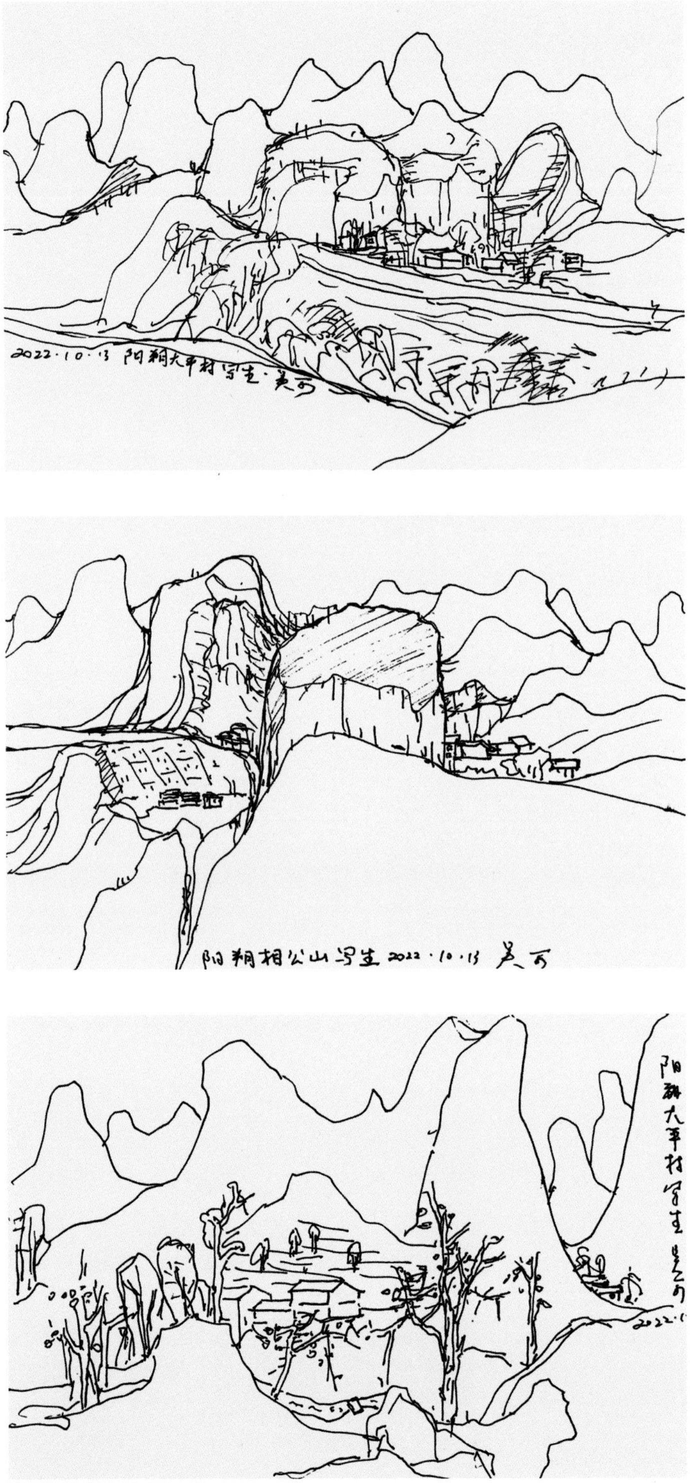

桂林写生(手稿)　20cm×27cm×3　纸本水性笔　2022

预测，云卷云舒，仿佛仙境，今日登顶，未见奇观，确也印象颇深。是想，亿万年来，此地风光从未能被人发现推广，只等有相机以来，美景传播的渠道才畅通，我等有福。午间，落座“不知春归”民宿餐厅里，临窗，窗外景色如画，想象中，山色空蒙时，那一定绝好。老板事先准备好栗子炒鸡、农家豆腐、辣椒炒肉和空心菜，朱根元提议上白酒，很是惬意，此刻有酒有景有美食，天下好事尽也，得大自在。餐后，驱车往漓江码头休息，至15点回市区，又入象鼻山景区游玩一小时，吴可在此寄明信片往上海，收件人是小孙女，很有意义。傍晚时分，景区游人见少，象鼻山景观因秋季水浅，拍照后离开。

晚餐，选在漓江边的某大排档，老板姓吴，江西人，厨艺不错，因撤迁，来吃啤酒鱼的人也就少，难得遇上，补加了两个特色菜，味儿好。席间秋一打视频来，说在景德镇，歌舞升平，还有一帮老友一同狂歌热闹。与我们在此吃鱼形成两种境界。来到大排档前，经过老城，已有灯光，看斑驳漓江，如影如幻，东镇门城楼，宋代建筑，如古董般，砖石包浆，气息朴厚。江岸边还有一处唐代石塔，虽是夜间，但影光投射后，更有风姿，形态可观。兆一也曾写稿多次，其入画后可空阔，境界深远，仿佛能梦回唐朝，文心高妙也正在于此，富于想象，不亦乐乎。又记于和舍。

桂林写生影像

10月14日

早餐后，与吴可、朱根元、兆一同行，漫游大圩古镇，因疫情防控，扫码入景区，古街上人稀，许多店面未开。从景区图上看，景点有雨亭演艺中心、小镇艺术馆、孙中山在大圩纪念馆、大圩博物馆、鼓楼码头、关帝庙、桂粤水运镖局、广昌布行、万寿宫、汉王庙、醉生酒坊、万寿桥、狮子头世家，等等。街面建筑以明清风格为主，兼有一些砖瓦结构的新房，看上去有点类似于湘西芙蓉镇的格局，只有万寿桥年份久，有点味道。此地离漓江很近，左右街道房屋建筑很明显东街店铺多，西街住家多，桥在街接处。我们在桥边闲坐了半小时，江边也有其他景观，鼓楼码头，沿江边行走，见到当地特色小吃米糕，正晒在江边，很是壮观，拍下些图，然后到达码头，购了些纪念品。吴可提议乘筏玩玩，竹筏号C005，电动制式，由一

位中年女司机驾驶。筏行进过白鹭滩、钓鱼台、毛洲岛、浪石、仙人招手、万寿桥等景点，江水清澈。电动筏去时慢，回程时有点快，途中见白鹭滩上有鹭、牛、野炊的游客，崖壁上的斑驳图案，岸边的民房和树木、竹林很入画，感觉漓江乘筏有点短暂，意犹未尽。

上岸后，再入古镇路口，见有明代解缙诗文碑一块：“大圩江上芦田市，百尺清潭万竹围。柳店积薪晨爨后，壮人荷叶裹盐归。”

临近中午，兆一选了一家“风味老鸭汤”餐馆，点了特色菜，不想味道极好，难得好口味，此餐成为桂林写生中最值得回味的一餐，尤其那碗老鸭汤，鲜得有理。餐后，又回到和舍休息，顺利。

晚间，约了一些桂林“子游班”的同学们聚餐，三年前开的“子游班”，如今大家都已成老朋友了。其中罗安、雅娇、张君英、颖君、陈立红、小娇、兆一等，把酒言欢，兴致很高，至21点散席。又记于和舍。

桂林写生影像

10月15日

清晨，在房间整理近几书画稿件，至9点，然后一同往颖君家吃油茶，随后参观阳太阳故居，欣喜此地出了大画家阳太阳，拍照留念。然后与吴可、朱根元上街半日，很愉快。

午后15点，老友周松来接我们，参观“桂海碑林博物馆”，此地碑刻所藏，堪称山水之外之胜地，是文人墨客必到之处，据记载，自唐宋以来，留下有颜真卿、韩云卿、郑叔齐、李渤、元晦、赵格、刘虚白、燕肃、宋咸、李师中、章岘、崔静、潘景纯、米芾、曾布龙、关杞、黄邦彦、谭掞、张庄、曹迈、李彦弼、吕渭、李邦彦、赵夔、张仲宇、张孝祥、张维、朱绂、范成大、梁安世、陆游、方信孺等，以及元明清三朝的郭思诚、丁方钟、朱佐敬、朱子清、张居正、杨芳、方以智、陈元龙、黄国材、袁枚、胡虔、李宗瀚、阮元、张维屏、梁章钜、康有为、林绍原等，加上汇集西山、独秀峰、骝马山、伏波山、叠彩山、象鼻山各处摩崖造像，可曰蔚蔚大观矣。今日又周松引路，请来讲解和他自解双层内容，引经据典，娓娓道来，慢慢看慢慢听，满脑子都是书法故事，时至17点30分，闭馆时间到了，还依依不舍。

桂林写生系列之四、之五、之六　34.5cm×47.5cm×3　纸本水墨、设色　2022

桂林写生影像

随后，一同造访周松寓所，他住在漓江边不远的一个小区里，上六楼，没有电梯，室内家居简洁，中式古典气质，书架藏有好书，茶歇后，在书房取出珍藏《金文原拓册》大开眼界。今晚，他夫人骆亚男下厨，等小孩下课回家时开席，又邀来画家黄宏辉共聚，氛围甚好。当晚吴可未多酒，只为高兴而端杯，朱根元与我酒高，狂聊至23点，黄宏辉送我们三人回和舍，顺利而圆满。至此，意味着桂林写生将提前结束，明日驱车往景德镇，相信下一行程也会有许多意外。

后记

虽然，这几日没有太多现场写生，但各处走走看看，体验也是一种写生的方法。吴可说，他对写生的理解，也是这样的，当年画家陈子庄的写生观念里讲道："对景写生，景物要经过自己严密的组织，组织方法是要大量舍弃。初学画写生时，最不容易舍。如初学写诗，总觉得某句尚好，虽其中其字不叶，也勉强凑合，结果弄得似是而非。"又说："看山要体味到山之色调，画山须有主调，要善用调子接近的色彩，画面上不能用调子相抵触的色来界开，石涛、黄宾虹会看，因此会画山。"

所以，我认为画家在环境里，物象本身只是媒介，象与形的关系，是要靠画家个体的感受和选择，这样更为重要。尤其对山水画的气势、韵致、格调、品位的理解，手上和心上的画一致才行，要由心而造，可得意忘形，达到大象无形。

来桂林几日里，我们一起写生、访友、游历、品美食、观山读云，时有漫不经心，时有纸上留痕，相遇也有推盏品味，其间回味无穷。在桂林相遇的时间里，因山水而来，加搭着人情，品米粉，游桃花江、大圩古镇，乘竹筏，寄明信片，见隐士，吃有机健康食品，此刻历历在目，一切都是最好的安排。我们还一起访纲子画室、周松画室和"观志窑"，随处皆有酒、茶、景，有荒野，有奇

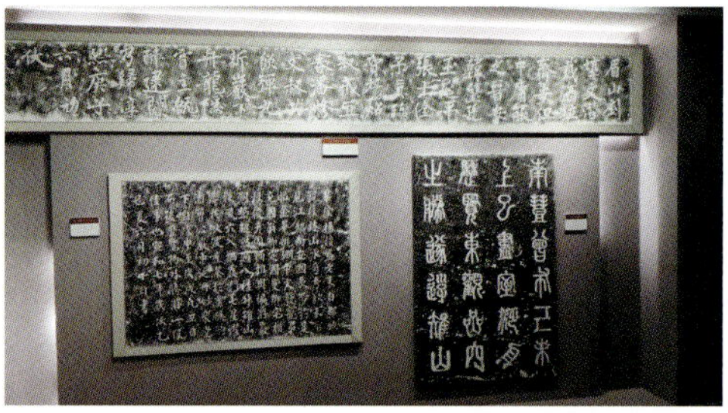

桂林写生影像

桂林写生（手稿）　27cm×20cm　纸本水性笔　2020

桂林写生（手稿）　20cm×27cm×2　纸本水性笔　2022

境，有市俗，有感慨，全然是一场人生之体验，体验江南人的生活、江南山水的秀雅，不仅仅是游客的观察角度，更应该算是艺术人文之旅。作为艺术家的我和吴可，有所认知、有所感悟，这里也是诸多历史上优秀的艺术家们曾经造化之风水宝地，他们对桂林山水有了极好的描绘，值得借鉴。

虽然，这几日类似走马观花，但也因为兆一的引路，对桂林诸多景点有很精准的体验，也有了不一样的感受。无论是山水本身，还是人文风貌，以及周松对桂海碑林的解读，都很有触动，很是感动，包括行程当中相遇的新友和旧朋们，都是注定的缘分，理由很充分，在桂林一切都好。

2022年10月16日晨一稿

2022年12月12日晚二稿于京城北塘

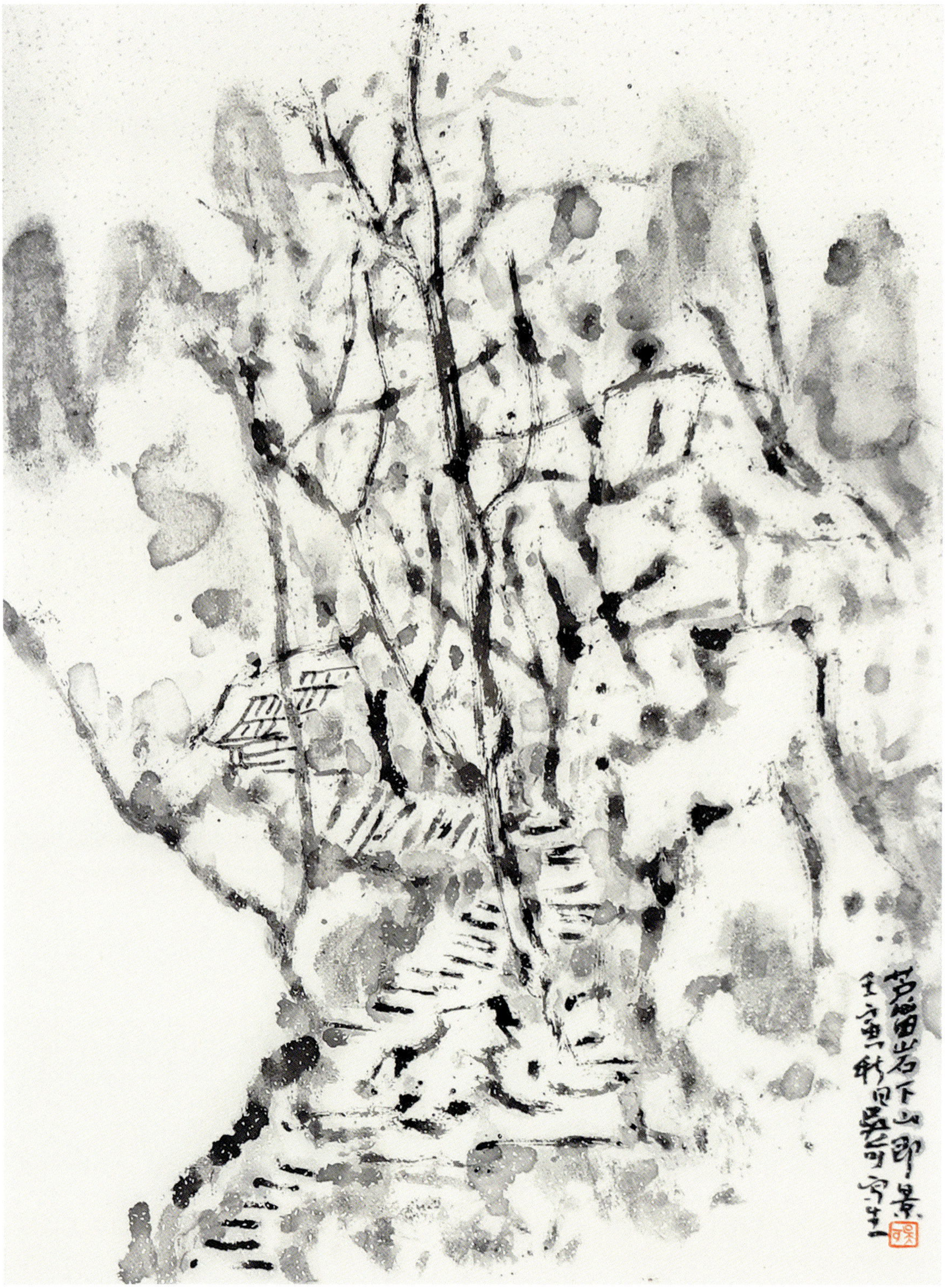

桂林写生系列之七　47.5cm×34.5cm　纸本水墨　2022

桂林写生系列之八　47.5cm×34.5cm　纸本水墨　2022

桂林写生系列之九　34.5cm×47.5cm　纸本水墨　2022

桂林写生系列之十　34.5cm×47.5cm　纸本水墨　2022

园林写生影像

园林写生系列之一 48cm×60cm 纸本设色 2022

园林写生系列之二　89cm×48cm　纸本设色　2022

园林写生系列之三　34cm×70cm　纸本设色　2022

园林写生系列之四、之五　34cm×70cm×2　纸本水墨　2019

（上图）烟雨江南路边亭　46cm×70cm　纸本水墨　2019
（下图）园林写生系列之六　46cm×70cm　纸本设色　2019

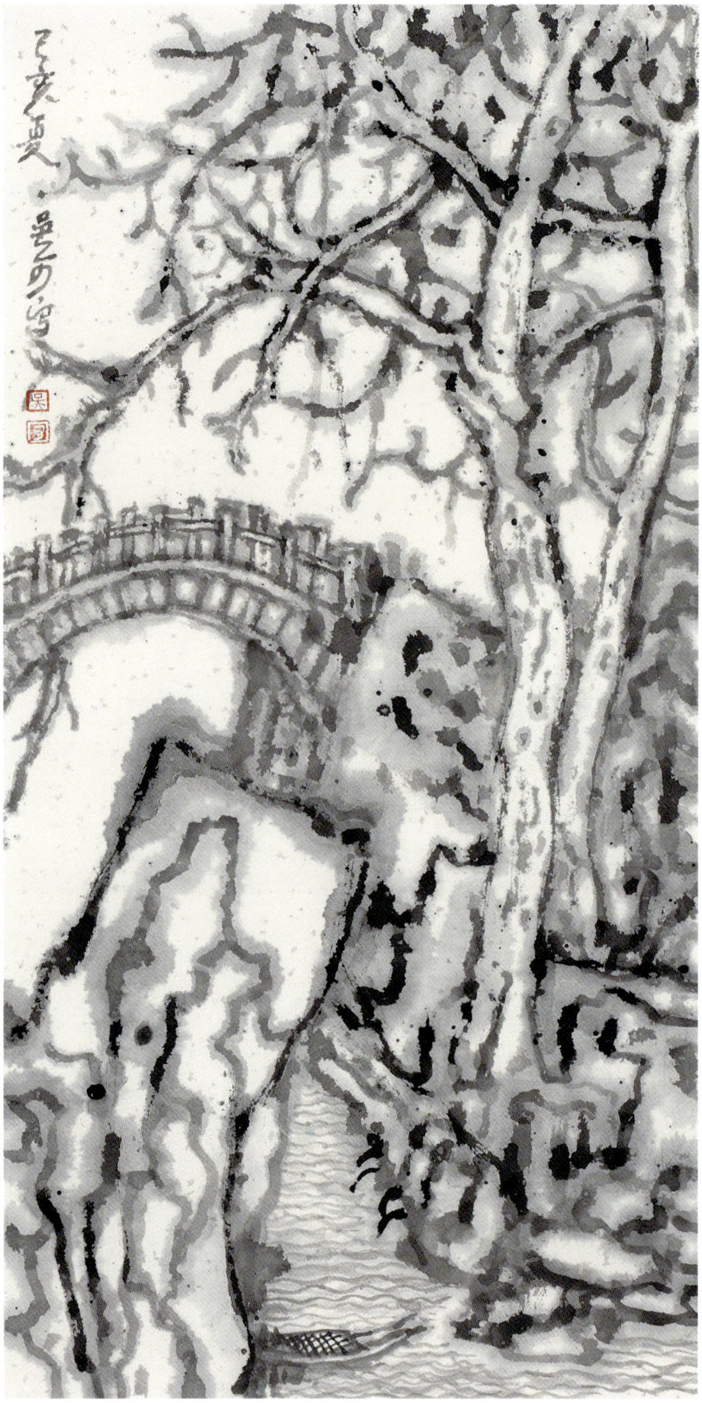

园林写生系列之七　70cm×35cm　纸本水墨　2019

园林写生系列之八　70cm×35cm　纸本设色　2018

园林写生(手稿)　20cm×27cm×4　纸本水墨　2018

园林写生影像

绘瓷营象

这些千奇百怪的瓷器绘画，虽然每一次吴可都要适应几天之后才能熟悉，其中的微妙，正所谓：『熟中生，生中熟。』成为每一次画瓷器意外动能所在，画瓷器有时会像一场奇遇，等待着火候的洗礼。在烧制前有许多可能性，但烧制以后就完全成为事实，也有诸多的破损，遗憾多多。想象，还是火有力量，这里的惊喜常常是在出窑之后的那一瞬间，那颗本来悬着的心就放下了，有期待，也值得欣赏。——陈子游

绘瓷影像

绘瓷影像

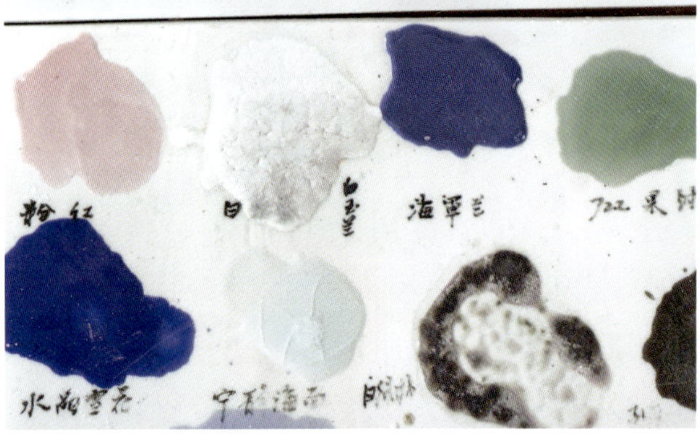

绘瓷影像

玉兰系列 直径27cm 瓷器 2022

吴可的瓷绘作品

文／陈子游（《中国艺术家年鉴》系列主编）

画家吴可坚持在瓷器上表现自我，而且在不长的时间里画出许多有品位的瓷器绘画，对于一个长年与宣纸打交道的画家来讲，要转而在瓷器上来表现与纸本绘画相同的味道，是件不容易的事。瓷器上的表现更带有不确定性，因为材料的色釉在窑火中的变化，神秘而难以控制，这也是许多艺术家参与瓷器绘画有意思的地方，达到没法想出来的一种效果，这种效果的感觉又值得期待，值得回味。

有一回，与吴可同行往景德镇画瓷，他每天的工作就是让窑工不断地配合，不断地调制釉色，包括对一些瓷型的选择，找自己喜欢的器型。熟悉的感觉上来也需要三五天的尝试，才能实现自己想画的一些图案和内容。保持着良好的感受力，才能够对瓷釉有所把握，这是最关键的，有了这份把握，无论是瓷瓶、花器还是文房用器等，他的山水、花鸟、人物在瓷面上才能鲜活起来，加上在烧制前对色彩的那些猜想，就变得有了味道。

在吴可许多瓷绘作品里，花卉的比例大，山水勾勒法也运用自如，使得他的

荷花系列　28cm×70cm　瓷板　2022

瓷品独具匠心，一品一格意外当中，也让欣赏者欢喜。比如《圆型花器》作品，其流动的线条像舞蹈一般，随机性很强，点化出几朵花儿来，意象表现，可自圆其说而独树一帜，那黄色、紫色、绿色甚至更深的颜色，点缀在花心上，釉色窑变形成的形极好看，花叶间主次分明，线面交融穿插出一组非常唯美的图案，既精妙又生机勃勃。

另外一件《笔筒》，似玉兰春晖，用笔沉着，勾勒的花瓣与枝叶呈交融状的画面，可以随着旋转从不同的侧面去观看画面变化，时浓时淡，时粗放时精细，色彩上的点缀让花枝在繁复中生成，形质意象，赋予观者想象空间。

像《水果盘》这一类的画法，采用了没骨与汲染法兼融的手法，图案显示出无相与有相之间，以蓝色、绿色、黄色、红色、黑色相互交汇的节奏，看上去如打击乐里的音符一般，自由穿梭，又富于节奏感，气息上沉稳、丰盈、活泼而充满着一种圆满的色彩，其味道与我们日常瓷品上的色感有了很大的区别。这里的画感非常突出，这种效果也是靠积墨积色完成的，也是瓷器艺术绘画的魅力所在。

这些千奇百怪的瓷器绘画，虽然每一次吴可都要适应几天之后才能熟悉，其中的微妙，正所谓："熟中生，生中熟。"成为每一次画瓷器意外动能所在，画瓷器有时会像一场奇遇，等待着火候的洗礼。在烧制前有许多可能性，但烧制以后就完全成为事实，也有诸多的破损，遗憾多多。想象，还是火有力量，这里的惊喜常

花卉系列之一、之二　直径27cm×2　瓷器　2022

常是在出窑之后的那一瞬间，那颗本来悬着的心就放下了，有期待，也值得欣赏。

吴可画瓷许多年，有所成就，也得益于他在纸本绘画上的努力，其对色彩、对笔墨的深究，用在瓷器上的构思，对质感、意境的追求都来源于水墨画。他的这样一种感受是水到渠成，真正要紧的是他在画瓷器的过程中，对釉料的判断。这种判断，常常使烧出之后的作品色感差距非常大，所以，需要窑工对火力的精准把控和对瓷面温柔的护佑。这种自然而然，就成为最好最美作品的保障。

观看吴可的瓷绘作品，让我感受到一件瓷器之美妙，全在于绘制手法和火功。

一次相遇，这是自然。

瓷绘是一种纸外绘画作品生成的最微妙、最意外，也最不可控的艺术体验。

有刺激也有想象。

确实可以去试错，去表达。

2023年9月3日上午于北塘

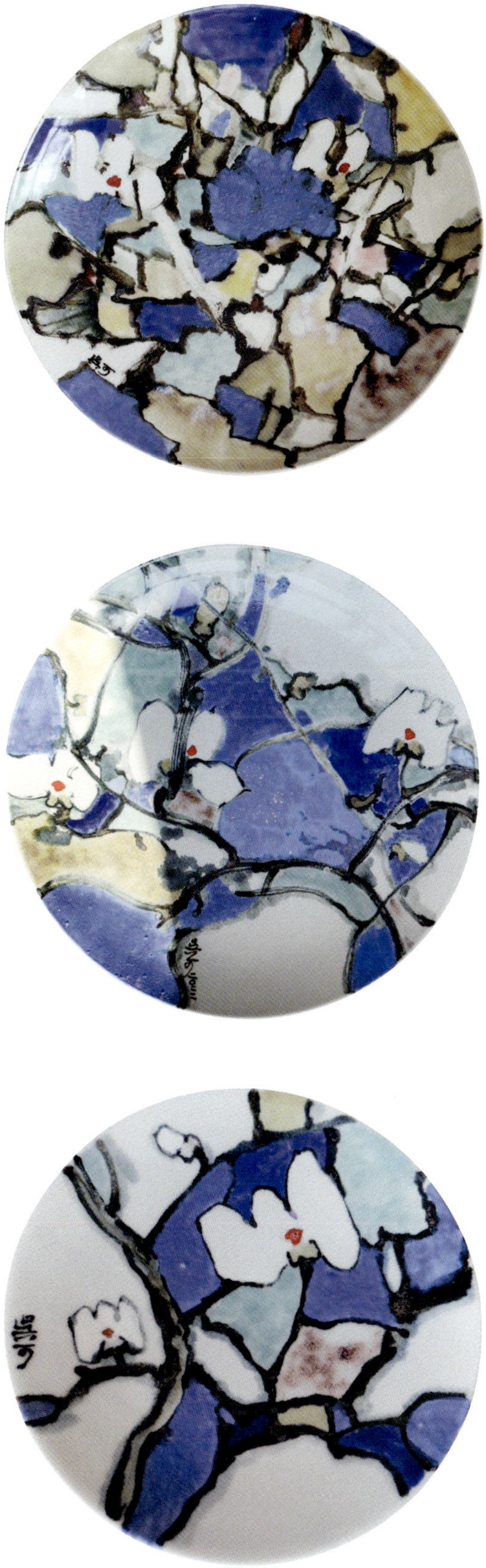

花卉系列之三、之四、之五　直径27cm×3　瓷器　2022

山水系列之一　底径40cm　瓷器　2022

花卉系列之六　高32cm　腹径26cm　瓷器

花卉系列之七　高38cm　腹径36cm　瓷器　2016

花开富贵　高58cm　腹径26cm　瓷器　2016

花卉系列之八　高26cm　底径32cm　瓷器　2016

花卉系列之九　高58cm　腹径26cm　瓷器　2016

272. 戏曲人物系列　高17cm　底径30cm　瓷器　2016

山水系列之二　高42cm　口径26cm　瓷器　2022

花卉系列之十　高24cm　底径30cm　瓷器　2022

花卉系列之十一　高32cm　腹径26cm　瓷器　2022

花卉系列之十二　高52cm　底径34cm　瓷器　2022

（左图）山水系列·小梅瓶　高21cm　腹径13cm　瓷器　2022
（右图）山水系列·小梅瓶　高21cm　腹径14cm　瓷器　2022

山水系列之三 高30.6cm 口径13cm 紫砂 2022

游历·采风

时光寻境

我以为，当代中国画要创新，要走向国际，必须在保持优秀传统的同时，更多地借鉴西方美术的精髓，正如林风眠、吴冠中在油画创作中，引入了中国画的意象和笔法那样，当代中国画应该学习西方油画的技法、构图和对色彩的运用，走出一条中西融合的新路来。吴可非常赞同我的观点，笑言『狗熊所见略同』。——钟涧

与家人合影

画展影像

吳可山水畫作品展
媒體見面會暨開幕式

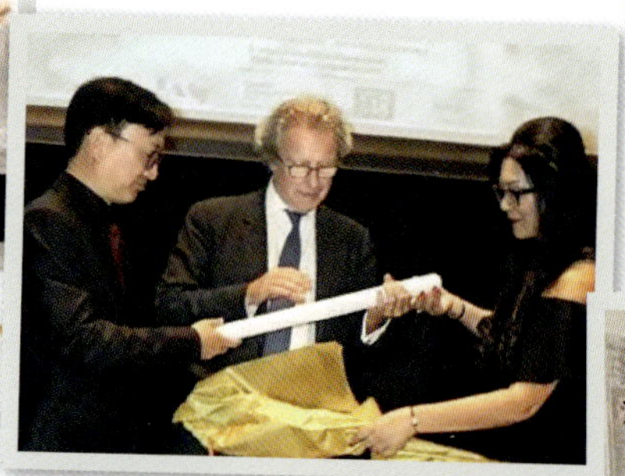

画展影像

艺术履历

2008年

出版作品集《中国当代艺术家——吴可篇》

2012年

举办个人画展“吴可中国画新作展”（青浦美术家画廊，上海）

2013年

作品参加“石禅·吴可扇面精品展”（宜兴鉴藏艺术馆，宜兴）

2014年

出版作品集《吴可山水画作品集》

作品《香云遍山人自闲》被南京艺术学院美术馆收藏

作品《古径无人水自折》被江苏省美术馆收藏

举办个人画展“吴可山水画作品展”（江苏省美术馆，南京）

作品参加“花甲一觉——黄阿忠师生作品展”（程十发艺术馆，上海）

作品参加“高山流水——中国山水画展（第一回）”（南京艺术学院美术馆，南京）

2015年

出版作品集《苍山润水·吴可山水画精品集》

中央电视台书画频道《艺传天下》（吴可先生专访）

作品《烟开雨色图》《胜处不在多》被浙江美术馆收藏

作品《青山远烟图》被美术报社收藏

举办个人画展“苍山润水——吴可山水画精品展”（浙江美术馆，杭州）

作品参加“‘典·藏’2011—2013年度、2014年度馆藏精品展”（江苏省美术馆，南京）

作品参加“上善若水——中国画名家作品书画展”（岷山饭店，成都）

作品参加“‘国风·文脉’名家书画展”（全国政协礼堂，北京）

作品参加“境在纸尺——2015当代中国写意画小品展”（画友会馆，北京）

2016年

作品参加“笔墨相知——中国画五人作品展”（恩诚晶艺美术馆，新加坡）

作品参加“《美术报》中国山水画创作大赛优秀作品展”（中国湿地博物馆，杭州）

作品参加“2016上海中国画小品展”（东外滩艺术空间，上海）

作品参加“境在纸尺——2016《画友周刊》年度邀请展”（画友会馆，北京）

2017年

出版作品集《吴可山水画集》

作品《别样山水系列之二十九》被英国王储基金会传统艺术学院收藏

作品《别样山水系列之十五》被法国巴黎工业宫收藏

作品《别样山水系列之二十二》被贝聿铭艺术基金会收藏

作品《别样山水系列之三十一》被贝聿铭家族收藏

作品《别样山水系列之三十五》被法国国家美术协会收藏

举办个人画展“丹青中的诗意——吴可个人画展”（巴黎工业宫，巴黎）

举办个人画展“别样山水——吴可个展”（伦敦艺术大学切尔西艺术学院，伦敦）

作品参加“高山流水——中国当代山水画展（第二回）”（南京艺术学院美术馆，南京）

作品参加“循此厦门，以入闽域（第一回）——刘云泉、林容生、吴可、刘明波书画展”（弘德艺术馆，厦门）

作品参加“一期一会——当代中国山水画邀请展”（画友会馆，北京）

作品参加“海上闲集——中国画名家系列邀请展”（上海长宁民俗文化中心，上海）

作品参加“当代·同行——全国名家小幅中国画邀请展（三）”（美博艺术中心，上海）

作品参加“春江花月夜——吴可、刘明波双人展”（富春艺术馆，杭州）

作品参加“2017年法国国际美术沙龙”（卢浮宫，巴黎）

2018年

作品《别样山水系列之二十五》被罗伯托·巴奇奥基收藏

甘肃写生（手稿） 20cm×30cm×5 纸本彩笔 2021

作品参加“平行·上海——国际当代艺术邀请展”（可·美术馆，上海）

作品参加“东坡诗意‘百画百壶，翰墨紫玉’展”（北京大学百周年纪念讲堂，北京）

作品参加“笔墨印心——中国画名家邀请展”（河北美术馆，石家庄）

作品参加“Art Shopping——巴黎艺术购物沙龙”（卢浮宫，巴黎）

作品参加“升庵诗意——全国书画名家作品邀请展”（云端美术馆，成都）

作品参加“迢迢路——黄阿忠师生作品展”（上海市文史研究馆，上海）

作品参加“应时——巴黎·当代艺术联展”（法国亚洲移民联合会画廊，巴黎）

2019年

作品参加“水墨品质——2019中国画年度邀请展”（山东出版美术馆，济南）

作品参加“问园姑苏——园林采风 写生邀请展”（彬龙美术馆，苏州）

作品参加“广种福田——中国画名家邀请展”（中晨艺术小镇，青州）

作品参加“厚·写意——当代中国画一人一品学术大展”（松·美术馆，北京）

2020年

作品参加“春浪——当代写意画八人展”（中坡文苑，怀化）

作品参加“此岸·彼岸——当代中国画邀请展”（可·美术馆，上海）

作品参加“纪念吴镇诞辰740周年——中国画百家学术邀请展”（吴镇纪念馆，嘉善）

作品参加“宜其室家——中国画名家作品雅集”（临沂玺园美术馆，临沂）

2021年

作品参加“档案：逐渐形成的闭环——2020中国当代水墨年鉴五周年特展”（南京艺术学院美术馆，南京）

作品参加“笔墨心生——中国名家邀请展”（义乌收藏品市场观止厅，义乌）

作品参加“此岸彼岸——当代中国画邀请展”（陕西省美术博物馆，西安）

2022年

作品《山隐图》被吴镇纪念馆收藏

作品参加“水墨品质——2022年当代水墨年度邀请展”（山东出版美术馆，济南）

作品参加“余杭区‘礼赞二十大’全国名家书画作品邀请线上展”（杭州）

作品参加“翰墨丹青展今古·余韵风采迎亚运——全国名家书画作品邀请展”（梦栖小镇，杭州）

2023年

作品《山水》被钱松喦艺术馆收藏

作品参加“西湖销夏——当代中国画名家扇画邀请展（第五回）”（雁庐艺术馆，杭州）

作品参加“‘春天——山河锦绣·润物无声’美术作品展”（长宁区图书馆，上海）

作品参加“2023年美国迈阿密红点艺术博览会”（迈阿密中城艺术展示中心，迈阿密）

作品参加“砥砺四十载 龙游新时代——改革开放、‘八八战略’龙游实践主题展”（大南门历史文化街区，龙游）

2024年

作品参加“幸会（敦煌）——当代中国画五人展”（敦煌画院，敦煌）

2025年

作品参加“天津人民美术出版社建立70周年庆典：厚写意——当代中青年名家学术邀请展（第八回）”（北京时代财富中心美术馆，北京）

作品参加“突变——UAAF成立十二周年庆典大型群展”（巴黎萨宾·巴亚利画廊，巴黎）

溪山悠然图　24cm×405cm　纸本水墨　2015